LES ENFANTS DE L'INDIFFÉRENCE

Il suffit pourtant d'un regard

Conception graphique de la couverture: Eric L'Archevêque
Photo: John Stewart/La banque d'images

DISTRIBUTEURS EXCLUSIFS:

- Pour le Canada et les États-Unis:
  LES MESSAGERIES ADP*
  955, rue Amherst, Montréal H2L 3K4
  Tél.: (514) 523-1182
  Télécopieur: (514) 939-0406
  * Filiale de Sogides ltée

- Pour la Belgique et le Luxembourg:
  PRESSES DE BELGIQUE S.A.
  Boulevard de l'Europe 117
  B-1301 Wavre
  Tél.:(10) 41-59-66
  (10) 41-78-50
  Télécopieur: (10) 41-20-24

- Pour la Suisse:
  TRANSAT S.A.
  Route des Jeunes, 4 Ter
  C.P. 125
  1211 Genève 26
  Tél.: (41-22) 342-77-40
  Télécopieur: (41-22) 343-46-46

- Pour la France et les autres pays:
  INTER FORUM
  Immeuble ORSUD, 3-5, avenue Galliéni, 94251 Gentilly Cédex
  Tél.: (1) 47.40.66.07
  Télécopieur: (1) 47.40.63.66
  Commandes: Tél.: (16) 38.32.71.00
  Télécopieur: (16) 38.32.71.28
  Télex: 780372

Andrée Ruffo

LES ENFANTS DE L'INDIFFÉRENCE

Il suffit pourtant d'un regard

Préface d'Alice Miller
Collaboration de
Michèle Morel

LES ÉDITIONS DE L'HOMME

Données de catalogage avant publication (Canada)

Ruffo, Andrée

Les enfants de l'indifférence: il suffit pourtant d'un regard

ISBN 2-7619-1091-5

1. Les négligés, Services aux - Québec (Province).
2. Jeunes délinquants - Québec (Province).
3. Jeunesse - Protection, assistance, etc. - Québec (Province).
I. Titre

HV745.Q8R83 1993 362.7'68'09714 C93-096754-2

Dépôt légal: 4e trimestre 1993
Bibliothèque nationale du Québec

ISBN 2-7619-1091-5

IMPRIMÉ AU CANADA

À mes amies
Elaine et Louise,
Rhoda et Brenda.

Préface d'Alice Miller

L'indifférence: un produit du déni

Les spéculations sur les causes de la criminalité se meuvent depuis toujours dans un cadre bien délimité, à l'intérieur duquel se font jour, sans que l'on s'en offusque, d'étranges contradictions, mais d'où la vérité est généralement absente. Au Moyen-Âge, l'on croyait qu'un meurtrier était possédé des démons. Aujourd'hui on le pense plutôt esclave de ses gènes, ou peut-être une victime de la pauvreté, du chômage ou de l'alcool. D'aussi simplettes explications satisfont même des scientifiques réputés, particulièrement attirés par la théorie des gènes — peut-être parce qu'elle nous décharge de toute responsabilité. La plupart des gens acceptent aussi sans sourciller la contradiction entre ces explications et le fait que la criminalité n'existe pas seulement chez les ignorants et les pauvres, mais aussi — c'est démontré, et le cas n'est pas rare — parmi les millionnaires qui organisent sans scrupules la traite des enfants et la pornographie infantile et se livrent à toutes sortes de commerces internationaux avec un mépris total, voire criminel, des besoins vitaux des hommes et de la survie de notre planète.

À quoi peut-on attribuer cette tolérance envers des théories causales et des explications manifestement fausses? Elle vient tout simplement de la peur qu'ont les êtres humains de se confronter aux vraies causes *du crime, qui résident* toujours dans l'enfance.

L'explication correcte du crime pourrait toucher à leur propre détresse autrefois refoulée, une détresse à laquelle ils n'ont pas appris à faire face, car la plupart d'entre nous ignorent que le refoulement est un piège d'où nous pouvons nous libérer et devons nous libérer si nous ne voulons pas détruire nos enfants.

Pendant probablement 5 millions d'années l'espèce humaine a vécu en paix. S'il n'en avait pas été ainsi, elle n'aurait pas survécu aussi longtemps. Les activités guerrières de l'homme n'ont commencé, selon les préhistoriens, qu'avec la révolution néolithique survenue il y a environ 20 000 ans, avec le passage de la cueillette et la chasse à l'agriculture. La maltraitance des enfants n'est pas dans notre programme génétique: dans la nature, ce phénomène n'existe même pas. Depuis des millions d'années, nous sommes programmés pour prodiguer au nouveau-né attention, soins et tendresse, et la nature nous a génétiquement équipés pour recevoir ce traitement positif. Elle ne nous a pas préparés à assimiler et à surmonter sans dommage les mauvais traitements. Nous ne pouvons pas non plus les effacer de notre système biologique, car tout ce qui nous arrive dans la vie reste emmagasiné, à titre d'information, dans nos cellules. La seule chose qui nous aide à échapper à la mort est notre aptitude à l'auto-anesthésie, qui entre en action dès que les mauvais traitements deviennent insupportables. Notre organisme se protège donc de la mort au moyen du refoulement et du déni. Ou nous avons rayé de notre mémoire coups et offenses, ou bien nous affirmons qu'ils nous ont été bénéfiques et nous nous comportons de la même manière envers nos enfants. Mais ce qui, pour l'enfant, fut un mécanisme de défense (le refoulement) devient un désastre pour l'adulte et pour notre espèce: il aboutit à ce que, par pure ignorance, des hommes et des femmes détruisent leurs propres enfants et leur prochain, et considèrent cela comme une forme de vie normale. C'est la dangereuse ignorance de l'histoire de leur enfance, histoire quand même stockée dans leurs cellules, qui les pousse à une conduite destructrice, bien que telle ne soit pas leur intention.

Le Dr Bob Johnson, un psychiatre londonien qui, dans une prison, fait un travail efficace avec de grands criminels, a mené une enquête prouvant que la seule constante dans la biographie des cri-

minels interrogés est qu'ils ont subi de graves maltraitances dans leur enfance. Tous les autres facteurs que l'on tient d'ordinaire pour responsables de la délinquance, comme la pauvreté, le chômage, etc., apparaissaient certes, mais uniquement en tant que variables. Fait significatif: le travail révélateur de Johnson, Buried Terror *(La terreur ensevelie) n'a pas encore trouvé d'éditeur — car il met en évidence des faits incontestables.*

Pourtant, heureusement, il y a des enfants maltraités qui ne sont pas devenus des criminels! Parce que certains ont eu la chance de rencontrer des témoins secourables voire des témoins lucides, qui leur ont apporté respect, sympathie et un intérêt sincère, et, par là, les ont aidés à percevoir l'injustice de ce qui leur avait été infligé. Les enfants qui ne connaissent que la violence et la cruauté les tiennent pour normales, ils ne savent pas qu'il peut y avoir autre chose, et plus tard pensent que seule la violence permet de se faire entendre et respecter. Cette leçon, ils l'ont apprise très tôt de leurs parents. Malgré tout, elle ne reste pas obligatoirement une leçon indélébile.

Un être humain qui a été maltraité dans son enfance mais peut ressentir ce fait et ne le dénie pas ne deviendra jamais un criminel. Nous avons beau le savoir aujourd'hui, preuve à l'appui, cette découverte n'a pas encore atteint le grand public, parce que les scientifiques, les médecins, les thérapeutes, les juges, les journalistes etc., sont bloqués, tant qu'ils refoulent leur propre histoire, par la même peur de se confronter avec elle.

Je veux dire que seule la combinaison de la maltraitance et de l'absence de témoins secourables dans l'enfance et de témoins lucides dans la société aboutit à ce que l'enfant maltraité devienne plus tard un criminel, c'est-à-dire un être humain qui n'ose pas éprouver ses sentiments, qui nie totalement son passé et choisit la violence au lieu de la vérité. Cette décision individuelle peut avoir d'énormes conséquences sociales et politiques. Pour illustrer ce fait, je cite souvent les cas de Staline et d'Hitler, étant donné que je connais leur enfance et que leurs agissements sont vraisemblablement connus de la plupart de mes lecteurs.

Il est presque inconcevable, et pourtant il a été amplement prouvé, qu'Hitler a préféré faire construire de gigantesques usines de mort, où des millions de victimes ont été exterminées, plutôt que de se confronter à la vérité: à savoir qu'il avait un père au caractère tout simplement haïssable. S'il avait osé affronter cette réalité et ressentir le lot de souffrances et d'humiliations que lui avait infligées ce père sadique, il n'aurait pas développé de délire raciste et pas organisé de massacre. Toute la perversion de sa vie ne servait qu'un seul but: se dissimuler à soi-même qui était le véritable responsable de sa peur panique et de sa rage meurtrière. Car ces deux sentiments s'adressaient à ce père tyrannique, soupçonné d'être d'origine juive. Depuis 50 ans on s'interroge sur ce qui a rendu possible l'Holocauste et simultanément l'on se refuse à en percevoir les raisons secrètes, à voir la vérité, par peur de remettre en question ses propres parents. Si aujourd'hui notre connaissance des motivations très personnelles qui ont poussé Hitler à perpétrer ce massacre était diffusée de par le monde, son idéologie n'aurait plus guère de pouvoir d'attraction. Mais ses paroles continueront à impressionner des jeunes qui comme lui craignent leur vérité aussi longtemps que la société dans son ensemble demeurera dans l'ignorance.

Il pourrait être utile de s'imaginer la tournure des événements si Hitler avait osé ressentir ce qui lui était arrivé dans son enfance. Muni de ce savoir, il n'aurait pas eu besoin d'idéologie raciste. Il aurait compris que si son père était un brutal tyran, il méritait sans doute la haine de son fils — mais lui seul, et non pas tous les autres Juifs, qui lui étaient, à ce fils, parfaitement inconnus. Et puis, dans une société plus consciente et mieux informée sur l'enfance, Hitler n'aurait pas pu organiser de génocide pour abréagir sa peur panique des «Juifs» et sa haine d'«eux», issues de son enfance. Des millions d'êtres humains ont donc été assassinés pour préserver le déni d'un seul, qui, adulte, s'est refusé jusqu'à sa mort à reconnaître les vraies causes de sa fureur.

Pourquoi ces découvertes, qui pourraient nous aider à informer correctement la jeunesse et à changer le monde en bien, restent-elles à ce point inconnues et frappées d'un aussi fort tabou? Parce que la plupart des gens, à peut-être de rares exceptions près, n'ont survécu à leur enfance que grâce à un total déni de leurs sentiments et au refoulement.

Comment pourrait-il en être autrement, alors que la connaissance des besoins impérieux, vitaux de l'enfance nous est restée jusqu'il y a peu fermée? C'est seulement depuis quelques années que l'on commence, lors des accouchements, à tenir compte du fait qu'il est primordial pour le nouveau-né d'avoir un contact corporel et oculaire (bonding) *avec sa mère et que celle-ci également a besoin de ce contact pour devenir une bonne mère. Nous savons donc seulement maintenant que l'inutile séparation, autrefois habituelle de la mère d'avec son bébé ne représentait souvent rien d'autre, au fond, qu'une cruelle et destructrice maltraitance.*

Comme, dans notre enfance, reconnaître la vérité nous aurait tués, nous croyons souvent uniquement à cette stratégie de survie (le déni). Nous ne savons pas que, à présent adultes, nous n'en avons nullement besoin, et qu'au contraire nous pourrions alors, sans elle, vivre beaucoup mieux, de manière plus lucide, plus responsable et plus saine. Prisonniers de leur peur de leur propre histoire, la plupart des adultes vivent donc, au fond, dans leur enfance, en redoutant toujours les dangers qui les menaçaient autrefois, mais auxquels un adulte n'est jamais aussi exposé qu'un enfant. Car seul l'enfant ne peut pas fuir les dangers qui lui viennent de ses parents. On peut illustrer cela par un exemple.

Un contemporain d'Hitler et qui (fait significatif) a conclu un pacte avec lui, Joseph Staline, a eu sa vie durant peur de prétendus ennemis, mais s'est refusé à savoir que son ivrogne de père, qui tout au long de son enfance l'avait quotidiennement battu, sans que sa mère ou quelque autre témoin intervienne, avait été son réel ennemi. *Il n'aurait pu supporter sans en mourir de le savoir quand il était un enfant en permanence à la merci de cet homme. Mais en tant qu'adulte il* aurait pu *le supporter si les témoins lucides l'avaient aidé à ressentir la vérité. Et, ici aussi, pareille évolution positive d'un seul individu aurait été bénéfique à des millions d'êtres humains. Au lieu de quoi ils ont été voués à une mort cruelle pour que le dictateur puisse préserver son déni. Et il s'est vengé sans pitié sur des innocents que, les prétendant ses ennemis, il faisait condamner et bannir, dans l'espoir de pouvoir enfin se sentir à l'abri. Mais en vain. Sa peur, qui l'a poursuivi sa vie durant, résis-*

tait à toutes ses destructrices tentatives pour la dissiper. Il aurait cependant pu la dissiper s'il avait osé reconnaître sa source; la peur qu'avait l'enfant de son colérique père.

Staline adulte avait beaucoup plus de liberté que l'enfant. Malheureusement il n'en a fait qu'un usage destructeur parce qu'il n'a pas pris conscience. Mais elle aurait pu être utilisée de façon positive. Lorsque l'adulte ose voir ce qui lui est arrivé, au lieu de détruire aveuglément des vies pour se venger — comme Hitler, Staline et d'autres — il n'a pas besoin de devenir un massacreur. Il peut même influer de manière positive sur son entourage, par exemple en essayant d'expliquer à d'autres les connexions qu'il a lui-même pu discerner grâce à sa capacité, à présent éveillée, de souffrir et de percevoir.

Andrée Ruffo a entrepris une pareille tentative. Elle rapporte ce qu'elle rencontre quotidiennement dans sa profession de juge des enfants et des mineurs. Elle ne se limite pas, comme la plupart des juristes, au dernier acte du drame, mais tente d'en dépister la terrible pré-histoire et de l'éclairer au profit des autres. Elle est capable de voir les racines du crime dans le traitement cruel et ignorant infligé à des enfants par des parents et des institutions, car elle a résolu de renoncer à l'indifférence et de sentir. Elle sait que la véritable objectivité ne s'atteint que par cette voie. C'est l'indignation contre l'inhumanité d'aujourd'hui qui nous dévoile la vérité sur ce qu'il est advenu de l'espèce humaine ces 20 000 dernières années. Ignorer des connexions qui peuvent nous toucher douloureusement n'est pas, comme on le croit souvent, un signe d'objectivité, mais bien plutôt d'inconscience et l'expression d'un manque de courage.

Je ne connais pas d'autre ouvrage d'un juge sur sa vie quotidienne professionnelle. Peut-être en existe-t-il quelque part, mais aucun n'est parvenu jusqu'à moi. Le récit d'Andrée Ruffo est-il une voix dans le désert? Peut-être. Mais pourquoi? N'y a-t-il pas sur notre planète des millions de juges bien formés qui font la même expérience qu'elle? Pourquoi restent-ils muets? Ils ne sont tout de même certainement pas tous d'insensibles marionnettes. Il leur manque apparemment la clé permettant de déchiffrer le matériel qu'ils ont journellement sous les yeux. Peut-être la jettent-ils tout simplement? Peut-être pensent-ils, craintivement, que s'ils osaient éprouver de l'indignation, et voir les connexions entre l'histoire de l'enfance et le crime, leur «objectivité» en pâtirait? D'où tirent-ils cette absurde idée? De ce qu'ils ont appris dans leur enfance que sentir de la souffrance et de la rage était dangereux?

Mais éprouver ses sentiments n'est pas dangereux pour l'adulte. Au contraire. Cela élargit son entendement et ses perspectives. Songeons combien la société pourrait, très bientôt, être différente si un criminel, dont les agissements viennent — entre autres — de son bandeau sur les yeux, ne se trouvait pas, dans la salle d'audience, parmi d'autres aveugles, mais y rencontrait des êtres qui voient clair. Ils pourraient alors lui mettre dans les mains un livre qui l'aiderait à découvrir, dans sa cellule, sa véritable histoire, à la mettre au clair. Il pourrait mettre à profit sa période de détention pour discerner les raisons refoulées de son crime et sortir de cette voie funeste. Un criminel ne peut vouloir vraiment changer qu'après avoir compris comment il a été pris au piège. Or, il ne le sait pas, et ce n'est certainement pas en prison qu'il l'apprendra — les bibliothèques des établissements pénitenciaires sont généralement remplies d'écrits édifiants et de romans policiers, mais l'on n'y trouve guère d'ouvrages fournissant des éclaircissements sur l'enfance. Tant le système pénal que la plupart des écoles thérapeutiques dissimulent cette vérité afin de ne pas incriminer les parents, car en «les parents» abstraits leurs représentants craignent toujours leurs propres parents.

Recommander et diffuser le livre permettant de pratiquer une autothérapie: cette démarche simple et qui ne coûte rien, impliquerait que nombre des juristes concernés soient comme Andrée Ruffo prêts, du moins partiellement, à rechercher leur propre vérité. Tant qu'ils ne le sont pas, ils s'accommodent de laisser les délinquants purger leur peine de façon absurde, gaspiller un temps précieux dans ces prisons d'où qui plus est ils en ressortiront encore plus frustrés et inconscients, pour répéter à plus ou moins brève échéance les mêmes méfaits, ou pire encore.

L'indifférence avec laquelle nous traitons les enfants — que ce soit notre rôle de parents ou de professionnels — ne relève pas d'une décision délibérée. Elle constitue un élément d'un bloc cons-

truit à partir du déni de l'histoire de notre propre enfance, mais dont le démantèlement exige une décision consciente. Ce bloc a l'absurde fonction de nous faire croire au mensonge que nous avons nous-mêmes inventé afin de nous protéger des peurs et des souffrances de l'enfance — peurs et souffrances dont les raisons ont depuis longtemps disparu. *Il nous retient prisonniers dans notre enfance et nous rend aveugles à l'égard de nouvelles connaissances, aussi scientifiquement établies soient-elles. Les appels à l'humanité restent vains aussi longtemps que ce bloc est omniprésent dans la société. Et, néanmoins, nous ne pouvons pas nous passer d'appels comme ceux formulés par Andrée Ruffo. On ne sait jamais qui ils peuvent un jour ou l'autre inciter à se confronter à sa propre histoire et à démolir le bloc.*

Nous pouvons renoncer à la cécité dès lors que nous osons ressentir ce qui nous est arrivé dans l'enfance. Nous cessons alors de vivre inconsciemment dans le passé, de nous protéger de dangers passés, irréels, et pouvons commencer à percevoir nos chances aujourd'hui et maintenant. Ce n'est qu'alors que nous pourrons véritablement voir nos enfants et leur prêter notre appui.

La plupart des thérapeutes n'ont pas fait ce travail. Ils vivent dans leurs peurs, exactement comme leurs clients auxquels ne sachant à quel saint se vouer, ils prescrivent l'oubli, le pardon, la méditation, la spiritualité et la morale traditionnelle, dans l'espoir de les rendre «capables d'aimer». D'innombrables programmes de groupe tentent d'aider de cette manière les individus souffrants et dépendants, avec pour résultat que la dépendance envers le groupe remplace la précédente: mais la dépression, elle, ne peut céder tant que la vérité de l'enfance reste masquée par des prescriptions et des opinions moralisatrices. Ce n'est pas par cette voie que l'on peut devenir capable d'aimer. Malgré cela, les thérapeutes se cramponnent à ces méthodes traditionnelles, pour — surtout — éviter de ressentir eux-mêmes les vieilles souffrances. Car ils n'ont manifestement jamais appris d'après leur propre cas que seule la confrontation avec la réalité de l'enfance mène à la libération de l'indifférence et l'ignorance paralysantes, mais aussi de la haine et de la compulsion à la violence et à l'autodestruction.

Jusqu'il y a peu, les questions primordiales restaient sans réponse. Comment s'aider soi-même à découvrir son passé avec le concours de ses sentiments et sans recourir à des thérapeutes pas plus avancés que vous? Et comment parvenir jusqu'aux sentiments refoulés? C'est là un long processus, une démarche qui doit être soigneusement apprise mais peut *s'apprendre. Elle n'exige pas une instruction supérieure, mais de la détermination et de la sincérité. Plusieurs personnes, je le sais, ont pu employer cette méthode d'autothérapie avec succès. Cela ne m'étonne pas, car elle s'appuie sur une loi de la nature prête à opérer en tout être humain sitôt qu'il est libre de la découvrir au fond de lui.*

Je connais un seul livre susceptible d'aider le lecteur à suivre cette nouvelle voie d'autothérapie: Pourquoi la souffrance — La rencontre salvatrice avec sa propre histoire *de J. Konrad Stettbacher (Paris, Aubier 1991). Accompagné de ce livre et de son auteur, qui a découvert cette voie et l'a décrite dans ces pages, le lecteur peut apprendre à éprouver ses sentiments refoulés afin de retrouver, avec leur aide, son histoire jusque-là enfouie. Adulte, il peut sans danger (il risquera toutefois de connaître des accès d'angoisse) désidéaliser ses parents et son enfance, réclamer ses droits méconnus, s'autoriser à faire valoir ses besoins primaires et se délivrer ainsi des pernicieuses compulsions (dangereuses pour lui-même et pour les autres) qui* toutes — *sont issues de la négligence des besoins de l'enfant.*

J. K. Stettbacher écrit: «La criminalité est la perversion du besoin d'être pris en considération et respecté, dont la satisfaction a été totalement refusée au criminel dans son enfance.» Notre société, j'en suis persuadée, pourrait changer si un nombre important de responsables, de juges et d'hommes politiques, s'en rendaient compte. L'évolution d'un jeune vers la perversion n'est pas irréversible. Elle l'est seulement dans un environnement peuplé d'aveugles. La prison, avec des codétenus et des gardiens sadiques, ne fait que renforcer les perversions des hors-la-loi. En revanche, dans une société qui voit clair, cette évolution n'est plus une fatalité. Dès que l'individu déboussolé aura appris à ressentir ses sentiments et ses véritables besoins au lieu de les abréagir, la perversion disparaîtra.

Le livre d'Andrée Ruffo constitue un pas important pour la sensibilisation de nos contemporains. Il incitera le lecteur à ouvrir les yeux et les oreilles. Mais l'étape suivante devrait être la confrontation avec notre propre passé, la mise au clair de notre propre histoire. L'intellect seul ne peut démanteler ce bloc de l'indifférence qui nous rend inaccessibles à la compassion (pour nous et pour les autres) et produit des enfants violents et (ou) malades. Entre des actions agressives, destructrices et le sentiment de la souffrance face à la cruelle réalité il n'y a parfois qu'un pas, mais un pas qui peut sauver une vie entière. Cependant le jeune ne peut le franchir que s'il rencontre des adultes conscients de leurs sentiments et non forcés de les réprimer, car eux savent combien cela justement les a aidés. J'espère que le livre d'Andrée Ruffo donnera à beaucoup de personnes le courage de franchir ce pas.

Ce courage grandira d'autant qu'avec l'aide de la nouvelle méthode de thérapie, un homme ou une femme connaîtra mieux sa propre histoire. Il/Elle ne se laissera plus détourner de son travail sur lui-même dès qu'il verra combien cela lui apporte Ses enfants en seront les premiers bénéficiaires. Les appels à l'amour dont notre histoire regorge n'ont jamais servi à rien, parce que le chemin menant à la levée du blocage enraciné dans l'enfance (la condamnation à l'indifférence) est resté si longtemps inconnu. Maintenant il est connu. Il appartient à chacun d'entre nous de décider s'il veut ou non en profiter. Tant que l'adulte demeurera, au fond, l'enfant qui n'a jamais été aimé et dont la capacité d'amour a été détruite lorsque, autrefois, on a dédaigné son amour et trahi sa confiance, il restera méfiant, à la dérive et incapable d'aimer vraiment. Mais il le pourra, il deviendra capable d'amour sitôt qu'il saura, *émotionnellement,* ce qui est arrivé autrefois. *L'être humain conscient n'a pas besoin de se cuirasser d'indifférence pour se protéger d'une colère et d'une souffrance justifiées, car il sait que les sentiments ne tuent pas. Et quiconque peut ressentir sa colère et la comprendre en la remplaçant dans le contexte de l'histoire de sa vie, au lieu d'en faire comme Hitler une idéologie, n'est jamais un danger pour autrui.*

(extrait d'un livre en préparation,
août 1993)

Introduction

Une violence qui nous habite

Quand l'objet de la colère est le mal, elle est vertu. L'indifférence devant le mal devient le vice.

ABBÉ PIERRE[1]

Vingt-trois pour cent de toutes les victimes des crimes avec violence sont des jeunes âgés entre 12 et 18 ans, même si ce groupe représente seulement 11 % de la population totale.

Statistique Canada

Hausse de la proportion d'enfants vivant dans une famille à faible revenu. Cette proportion est passée de 15 % en 1980 à 17 % en 1990.

Statistique Canada

Sept mille enfants des rues tués en quatre ans au Brésil.

Commission parlementaire d'enquête
sur l'extermination des mineurs, 1992

Ces dix dernières années 1,5 million d'enfants tués par la guerre, 4 millions handicapés, 12 millions privés de foyer.

Communiqué, *Édition Projets*, juin 1992
Unicef, Canada

> La drogue et l'alcool menacent 100 millions d'enfants des rues.
>
> Organisation mondiale de la santé, mars 1993

> Plus de 100 millions d'enfants sont exploités et travaillent de façon illégale dans le monde.
>
> Bureau international du travail, Genève, mai 1993

La violence faite aux enfants, une liste qui pourrait se poursuivre à l'infini…

Cette violence est tellement énorme que personne n'oserait tenter de la justifier. Elle nous entoure, nous oppresse et nous laisse impuissants… Elle nous bouscule au point qu'il nous est difficile de la regarder.

Cependant, dans ce livre, j'ai choisi de placer ces multiples visages à l'arrière-scène. C'est plutôt «l'autre» violence que j'aimerais mettre au premier plan, celle du dedans, la violence subtile, raffinée, mais non moins réelle…

Je parle de ces gestes qui paralysent, de cette pseudo-sollicitude qui réprime, de ces règles qui tuent. Je parle de ces mots qui détruisent nos enfants jour après jour, de ces normes qui nient aux jeunes le droit d'être eux-mêmes, de grandir en se respectant, de se développer en contact avec leur absolu, avec leur vérité intérieure.

Car la plus grande violence faite à nos enfants est celle qui les empêche de se réaliser. Elle prend différentes formes et couleurs selon les époques et les cultures. Dans certains pays, par exemple, très peu d'enfants ont accès à une éducation satisfaisante. Ailleurs, c'est la faim qui sape la capacité de développement des jeunes. En d'autres lieux, c'est le décrochage et le désespoir qui minent leur recherche d'un sens à la vie. Mais dans ces divers aspects, il y a un point commun: la violence brise le potentiel de développement de l'humain.

Cette violence dont je veux parler se fonde sur notre domination d'adultes sur nos enfants, ces enfants que nous aimons, ou du moins que nous croyons aimer. Elle se nourrit de la violence que nous-mêmes, adultes, avons subie. Elle se perpétue à travers celle que nous infligeons à nos petits.

Cette violence faite aux enfants est partie intégrante de mon être. Elle m'est souffrance. J'ai mal d'entendre cette grosse fille laide au tribunal qui ne tarit pas de bêtises; c'est moi à 10 ans, avec mon 1,73 m et mon embonpoint qui m'étouffait de mal-être et de complexes. J'ai mal de voir ce jeune délinquant aux cheveux hirsutes placé en centre de réadaptation, qu'on tente de rééduquer par tous les moyens; c'est moi qui, pensionnaire, souffrait à en mourir d'être coupée de ma famille. J'ai mal de ressentir ce que vit cette fillette qui ne veut plus continuer en taisant sa souffrance; c'est moi, enfant soumise, qui ai accepté de mettre un bâillon sur mes émotions.

La violence faite aux enfants, c'est aussi ma souffrance d'être en tant qu'adulte. Une adulte qui a peine à écouter son concitoyen raconter la souffrance qu'il a subie enfant et avouer sa fierté de battre son fils «pour son bien» comme lui-même a été battu. Une adulte qui a mal de traiter ses enfants tantôt comme des objets, tantôt comme des adultes miniatures. Une adulte qui a honte de notre incompréhension et de notre insensibilité à l'égard des enfants.

J'ai mal de la violence de notre indifférence. De nous entendre parler des enfants par des statistiques. De nous voir traiter de ce qui les concerne dans la rubrique des faits divers. De nous sentir si désintéressés par les jeunes qui ne sont toujours que les enfants des autres. De nous entendre dire sans réagir que des milliers d'enfants décrochent de nos écoles. D'écouter notre silence devant le nombre effarant de bambins qui souffrent. De nous voir, impassibles et tranquilles, refermer le journal sur les milliers d'enfants de la rue ou éteindre la télévision sur tous ces jeunes qui meurent de faim.

J'ai mal d'être une adulte qui a consommé l'espoir pour n'en laisser que des miettes.

Cette violence à l'égard des enfants est plus vaste qu'on ne pourra jamais le réaliser; elle est violence de l'être humain à l'égard de la vie. De la vie dans l'enfant qui naît, de la vie dans l'enfant qui demeure en chacun de nous. La violence à l'égard d'un enfant est très vive, car elle réduit au silence les cris de sa souffrance. L'enfant n'a pas comme nous, adultes, le pouvoir de se soustraire à la situation lorsque celle-ci devient intolérable. Il demeure prisonnier, dépendant, coincé. Il devient trop souvent atrocement victime, violenté par le déni de ce qu'il est et le silence auquel il est confiné.

Se fermer les yeux à cette réalité, c'est en devenir complice. Fermer nos cœurs à la souffrance des enfants, c'est la perpétuer; refuser de les écouter, c'est la générer.

Et... c'est l'enfant qui souffre de ne pouvoir devenir, grandir, être. C'est l'enfant qui, de toutes ses forces vives, tente de réagir à la violence qu'il subit. Un ami et psychologue québécois affirmait qu'à moins de réactions rapides et d'envergure de la part de notre génération d'adultes, une très forte proportion de nos enfants serait mésadaptée en l'an 2000! Parce que la mésadaptation devient pour plusieurs jeunes une saine réaction à l'intolérable violence qu'ils ressentent. Ainsi, «être mésadapté va devenir être adapté à la vie!».

Qui donc est responsable de ces enfants? Qui donc dénonce la violence qu'ils subissent? Qui donc a le courage de se lever pour que cessent leurs souffrances?

S'ouvrir à ce questionnement nous oblige à entrevoir l'emprise trop souvent dommageable que nous, adultes, exerçons sur nos enfants dans les relations de pouvoir que nous établissons avec eux. Un rapport d'autorité qui les perçoit d'emblée comme inférieurs plutôt que comme êtres en devenir. Un regard qui n'accepte que ce qui est conforme à nos propres désirs. Une communication avec les jeunes qui se vit en niant leur droit à la parole.

Nous violentons nos enfants à travers...

... une éducation familiale qui trop souvent brime leur développement afin d'obtenir leur obéissance...

... une formation scolaire qui écarte leur richesse pour s'assurer de leur compétitivité...

... une rééducation gérée par un système de protection qui les fragmente à tel point que, trop souvent, elle les brise plutôt que de les aider à guérir...

... une intégration au marché du travail qui valorise la productivité à tel point qu'elle écrase l'humain...

... un processus éducatif qui freine leur développement plutôt que de le favoriser...

Parents, enseignants, intervenants sociaux, employeurs, décideurs... comment construisons-nous la société de demain? Quel genre d'hommes et de femmes seront les enfants que nous éduquons aujourd'hui? En tant qu'adultes, nous sommes tous interpellés. Dans la société aseptisée, rationnelle et ordonnée que nous avons construite, qu'avons-nous fait de l'enfant qu'hier nous étions encore? L'avons-nous oublié? rejeté? tué? Qu'en reste-t-il au juste? Alors que nous croyons avoir tout donné à nos enfants, ne les avons-nous pas privés de l'essentiel: la foi en un avenir?

Première partie

Qu’avons-nous fait de notre enfance?

Chapitre premier

La famille: berceau de la violence

L'éducation sert dans bien des cas à empêcher que ne s'éveille à la vie chez son propre enfant ce que l'on a jadis tué en soi-même.

ALICE MILLER[1]

Je ne connais pas de parents qui ne désirent pas être de bons parents. Je ne connais pas de parents qui veulent brutaliser leurs enfants ou les empêcher d'être heureux. Selon nos capacités et notre énergie, nous, parents, cherchons tous à donner ce qu'il y a de mieux à nos enfants.

Nous voulons surtout leur offrir le meilleur de nous-mêmes, de ce que nous sommes comme êtres humains, dans le contexte dans lequel nous vivons. Je ne peux nier les différences très importantes entre la réalité d'une adolescente de 16 ans, élevant seule son enfant dans une très grande pauvreté, et celle d'une femme d'affaires de 38 ans élevant son fils dans l'aisance. Je ne peux nier les différences entre la réalité d'un couple de professionnels avec deux enfants et celle d'une famille de cinq enfants où le père est sans emploi et la mère occupe un poste modeste. Ces disparités économiques et sociales existent. Et nous connaissons tous l'impact pernicieux de la pauvreté sur le développement de la violence face aux enfants.

Toutefois, sans ignorer ces facteurs, ma réflexion pour ce livre se porte plutôt sur un autre aspect de la violence, celle que nous, adultes, portons en nous et faisons vivre à nos enfants, peu importe notre statut social. J'écarte donc volontairement les divers facteurs extérieurs qui influencent nos actions, pour m'arrêter à ce qui me semble l'essentiel ou le dénominateur commun: l'enfant que nous portons en chacun de nous.

L'amour reçu dans notre enfance constitue le terreau dans lequel germe notre relation parentale avec nos enfants. Si ce terreau ne contient pas d'amour, la violence y poussera. C'est la toile de fond de ce chapitre sur la famille, berceau de tant de mauvais traitements envers l'enfant.

Être aimable pour être aimé

Des parents se préparent à la naissance d'un enfant. Ils l'imaginent, lui dessinent un visage, une personnalité. Consciemment ou non, ils lui préparent une place tant physique que psychologique. Déjà l'enfant à naître emplit leur vie de rêves, d'inquiétudes, d'espoirs. Certains le considèrent comme le fruit de leur amour, et il leur tarde de l'accueillir, de faire sa connaissance; d'autres lui octroient le rôle de cimenter leur union ou de maintenir un lien avec un partenaire déjà loin; d'autres encore cherchent à réaliser à travers lui ce qu'ils n'ont pu accomplir jusqu'à maintenant. Chacun y va de ses attentes.

Puis, c'est le miracle de la vie! Qui peut rester indifférent devant ce nouveau-né qui découvre à grands cris le bonheur de respirer? Devant ce bébé qui fait miroiter tous les espoirs?

Pour se développer et grandir, ce nourrisson devra faire face à d'innombrables apprentissages. Son intégration à la société reposera en grande partie sur la solidité de ces premiers balbutiements dans ce monde étranger. Ce travail de construction de lui-même sera tributaire du regard que posent sur lui son père et sa mère. Pour le tout-petit, le parent représente tout, puisqu'il est son seul lien avec le monde extérieur dans lequel il vient d'entrer.

Responsables du développement de leur enfant, les parents sont donc investis du rôle crucial de premiers éducateurs. Ils aideront l'enfant à acquérir les outils nécessaires à son évolution dans la société. Le regard accueillant d'un parent constitue ainsi l'élément clé des tout premiers pas du bébé: de cet amour, de cette acceptation naîtra sa capacité de se développer.

Toutefois, la vulnérabilité de l'enfant confère aux parents beaucoup d'ascendant sur lui. Et le rapport parent-enfant peut aboutir à une relation de pouvoir. Sur la base de cette inégalité du savoir entre le parent et l'enfant peut se définir la nécessité de l'obéissance. Selon cette conception, les enfants ne savent pas ce qui est bon pour eux; pour l'apprendre, ils doivent obéir à leurs parents. L'enfant va apprendre à manger, à s'habiller, à bien se conduire, à être poli et discipliné. À travers ce quotidien, l'enfant acquiert les rudiments de la conduite sociale, filtrée par ce qui est convenable ou non aux yeux des parents. Son obéissance devient ainsi la clé de l'amour parental.

Scott Peck traduit en ces termes le lien entre l'amour de la mère, qui devient graduellement conditionnel, et l'apprentissage de l'enfant qui apprend à «être aimable»:

> Au cours des deuxième et troisième années de la vie d'un poupon, sa mère se met à avoir certaines exigences, comme le contrôle des sphincters, par exemple. Quand l'enfant y arrive, l'amour de la mère devient plus ou moins conditionnel. Elle commence à dire: «Je t'aime, mais...» «Mais.. j'aimerais que tu cesses de déchirer mes livres.» «Mais... j'aimerais que tu ne tires plus sur le cordon de la lampe de table.» «Mais... j'aimerais que tu t'assoies sur ton petit pot pour que je n'aie plus de couches à laver.» L'enfant apprend les mots «bon» et «mauvais». Et il apprend que pour continuer de s'affirmer à sa juste mesure, il lui faut maintenant être un bon enfant[2].

Au-delà de ces apprentissages nécessaires, l'enfant saisit donc l'essence du rapport de force établi entre lui et le parent: il comprend qu'il lui est demandé d'obéir et de se conformer. Il apprend aussi à ne pas remettre en question les demandes du parent sous peine de mettre en péril son amour. Dès les premières années, la relation de pouvoir entre l'adulte et l'enfant est inscrite dans la règle de l'obéissance et préservée par le besoin d'amour de l'enfant de la part du parent.

Au fil de la croissance du bambin, cette relation s'enracine et se maintient notamment par l'incapacité de l'enfant de considérer ses parents de façon objective ou de les comparer à d'autres parents ou adultes. C'est dans cette structure de pouvoir incontournable que s'inscrit l'importance d'accueillir un enfant dès sa naissance par un regard amoureux: dans une relation marquée par l'amour, l'enfant grandit avec la conviction qu'il est aimable et a de la valeur. Un enfant élevé sans amour acquiert la certitude qu'il n'est pas aimable et qu'il ne peut mériter cet amour. Scott Peck expose ainsi cette idée largement répandue:

> Nous pouvons considérer ce qui suit comme une règle générale dans l'éducation des enfants: dès qu'il y a une importante carence d'amour parental, l'enfant, selon toute probabilité, réagira devant cette déficience comme s'il en était lui-même la cause et se fera une image négative et mensongère de lui-même[3].

En somme, l'enfant naît avec son potentiel de croissance. Pour se développer, il a besoin d'être reconnu par un adulte, un parent, cette personne significative qui lui accordera la permission d'être. Cet appui essentiel lui fournit la poussée vitale pour grandir et aller au bout de lui-même. Lorsqu'un enfant ne trouve pas ce regard bienveillant qui le confirme dans sa croissance, il s'en rend directement responsable. Il tente par tous les moyens d'adapter ce qu'il est afin de gagner cet amour. En l'absence de ce regard acceptant d'un parent, l'obéissance et les apprentissages qui lui sont imposés dérèglent ses mécanismes internes de protection, ses moyens de défense; ils freinent son développement au lieu de le favoriser.

Obéir jusqu'à se nier

La nécessité d'une certaine discipline pour que l'enfant acquière les gestes de base de la vie est rarement remise en question. Cependant, l'obéissance imposée à nos enfants dès leurs plus tendres années peut avoir des effets pervers et aliénants; lorsqu'elle ne respecte pas qui ils sont, elle peut même devenir violence. Ainsi en est-il de l'obéissance qui oblige l'enfant à nier ses voix intérieures pour se conformer aux attentes du parent:

- L'enfant a mangé et n'a plus faim;
  le parent ordonne: «Finis ton assiette!»
- L'enfant n'aime pas le goût des olives;
  le parent impose: «Mange, c'est bon!»
- L'enfant sort jouer;
  le parent exige: «Mets tes mitaines, il fait froid.»
- L'enfant veut continuer à jouer;
  le parent décide: «Va te coucher, tu es fatigué!»

La majorité des adultes estime raisonnable qu'un enfant apprenne à manger convenablement et développe son goût pour des mets variés. De même, peu d'entre nous contesteraient que l'enfant doive s'habiller lorsqu'il fait froid ou aller se coucher quand il est tard. Cependant, au-delà de ces apprentissages, l'enfant décode le message que ce qu'il ressent à l'intérieur de lui n'est pas correct. Car le parent, cet adulte savant, confronte sans cesse ses perceptions. L'enfant ressent l'impression de satiété, mais le parent réfute cette interprétation en l'obligeant à manger. L'enfant n'apprécie pas la saveur d'un aliment, mais le parent lui certifie que c'est bon.

L'enfant ne ressent pas le froid ou la fatigue, mais le parent affirme qu'il a tort et qu'il devrait avoir froid ou être fatigué. Pour se conformer à ce que l'adulte édicte, le tout-petit apprend vite à invalider ses perceptions intérieures et à nier ses sensations, comme le dit Alice Miller avec tant de justesse: «L'enfant doit donc apprendre dès le départ à "se renier lui-même", à étouffer en lui le plus tôt possible tout ce qui "n'a pas la faveur divine"[4].»

Entre une discipline qui soutient l'enfant dans sa découverte de ce qu'il est et des interventions éducatives qui le handicapent dans sa construction d'être humain, la frontière est souvent précaire. En étant poussé petit à petit à suivre le contraire de ce qu'il perçoit, ou à interpréter différemment ce qu'il ressent, l'enfant apprend à douter de lui. Et cette négation de lui-même se fait insidieusement et sous de nombreuses formes. Au contraire, il est très important de valoriser ses apprentissages à mesure qu'il grandit. Par exemple, lorsqu'un enfant commence à explorer, il saisit tout à pleines mains. Par la suite, il raffine ses gestes et s'efforce de tenir des objets avec quelques doigts seulement. Dans cette étape, l'enfant prend plaisir à laisser tomber les objets. Or certains parents grondent leur rejeton lorsque celui-ci laisse tomber quelque chose par terre. Pourtant, leur petit leur montre la plus belle réalisation de ses dernières semaines: prendre des objets «en pincette»! C'est un exemple parmi d'autres où nous freinons nos enfants, où nous les violentons dans l'exploration de leurs capacités et dans la découverte d'eux-mêmes.

La négation de l'enfant se poursuit dans des situations plus subtiles où le parent initie son enfant à interpréter la réalité en accord avec sa propre vision. Par exemple, le bambin devient méfiant lorsque son parent lui dit que les adultes sont méchants; il croit qu'il se trompe lorsque ses parents, en train de se chicaner, le rassurent que tout va bien; il comprend qu'il interprète mal la réalité lorsqu'il ne se sent pas aimé comme les autres mais que cette vérité lui est cachée pour ne pas l'affecter. L'enfant apprend donc dès les premières années que la réalité n'est pas toujours conforme à ce qu'il en ressent, comprend, saisit de l'intérieur. Le développement de son intuition, de son système de protection naturel se trouve dès lors entravé, et l'enfant risque fort de grandir en se coupant de lui-même, de ses émotions, de son intériorité. Pour s'adapter au monde extérieur, il a besoin de se dissocier de ses voix intérieures, de s'en «déconnecter».

Car un enfant désire avant tout correspondre aux attentes de ses parents. Que ces attentes soient rigides ou souples, insensées ou bien fondées, l'enfant tente de toutes ses forces de les satisfaire afin d'être aimé. Certains y parviennent plus facilement que d'autres, car ils s'inscrivent dans la continuité de l'idéal des parents. Nous pouvons penser qu'ils recevront donc approbation et encouragements sans trop déroger de ce qu'ils sont vraiment. Toutefois pour d'autres enfants, cette recherche d'amour nécessitera de grands efforts et, surtout, qu'ils adoptent un comportement qui va à l'encontre de ce qu'ils sont.

Nous avons tous observé de près cette recherche d'amour d'un enfant lorsqu'un parent lui demande d'être conforme à ce qu'il veut. «Donne un bec à grand-maman!» «Récite ton poème!» «Chante ta chanson!» «Montre à Papi ce que tu apprends dans tes cours de piano!» Et nous pouvons facilement demander à l'enfant de réciter son poème six fois dans la même journée parce que tout un chacun veut voir les performances du bambin, tel un petit singe dressé! Il ne s'agit pas de soutenir que nos enfants ne devraient pas apprendre la musique ou chanter. Mais le fait qu'un enfant ne veuille pas chanter devant les voisins ou la parenté fait-il de lui un être asocial ou désobéissant?

L'enfant est une personne. Et les personnes n'ont pas toujours le goût d'exhiber leur savoir-faire! Rappelons-nous: l'accomplissement d'une tâche que nous ne voulons pas faire nous est aussi très pénible. Cependant, nous exigeons fréquemment beaucoup plus de nos enfants et celui qui ne veut pas chanter, réciter, danser à notre demande, par exemple, sera perçu comme désobéissant, mal élevé ou peu aimable! Selon ce raisonnement, l'enfant est fautif; il est alors blâmé de ne pas combler nos attentes de parents. Et l'enfant ne peut être critique face à notre insatisfaction d'adulte…

Par nos messages, nos gestes, l'enfant découvre qu'être aimable signifie être bon, gentil et conforme à nos attentes. Il se sent aimé s'il obéit à nos demandes et s'il répond à nos exigences. Il est valorisé s'il se conduit comme nous le voulons même s'il n'en a pas le goût. Il comprend alors qu'un bon enfant se soumet à la vision de la vie de ses parents plutôt que de développer la sienne. Dans ce processus, petit à petit, l'enfant se démolit, s'aliène. Et ce faisant, s'installent en lui frustration, colère, dépression.

Alice Miller précisait en ce sens les diverses étapes de la vie d'un individu:

1. subir dans sa petite enfance des offenses que personne ne considère comme telles;
2. ne pas réagir à la douleur par la colère;
3. manifester de la reconnaissance pour ces prétendus bienfaits;
4. tout oublier;
5. à l'âge adulte, décharger sur les autres la colère que l'on a accumulée ou la retourner contre soi-même[5].

Trop souvent, notre façon d'entrer en relation avec un enfant écrase ce qu'il est d'unique, tue une partie de la vie qu'il porte, alors que notre rôle de parent est précisément d'aider un enfant à développer sa capacité de s'émerveiller, de croire, de faire confiance. Nous détruisons trop souvent cette essence de l'enfance en rendant nos petits conformes à nos attentes, à nos modèles. Combien d'enfants sont ainsi brisés en niant ce qu'ils sont? Combien de jeunes doivent aller à l'encontre de ce qu'ils ressentent pour conserver l'amour de leurs parents? Que deviennent ces jeunes obéissant aux ordres qui les disciplinent et les rendent conformes à l'image que l'on attend d'eux?

Alice Miller va plus loin en nommant une forme de violence plus subtile, plus sournoise:

> La plus grande cruauté que l'on inflige aux enfants réside dans le fait qu'on leur interdit d'exprimer leur colère ou leur souffrance, sous peine de risquer de perdre l'amour et l'affection de leurs parents. Cette colère de la petite enfance s'accumule donc dans l'inconscient, et comme elle représente dans le fond un très sain potentiel d'énergie vitale, il faut que le sujet dépense une énergie égale pour le maintenir refoulé. Il n'est pas rare que l'éducation qui a réussi à étouffer le vivant, pour épargner les parents, conduise au suicide ou à un degré de toxicomanie qui équivaut à un suicide[6].

Ainsi l'enfant doit souvent taire ses émotions. Taire sa frustration de dépendre de quelqu'un et sa colère de devoir s'y soumettre. Taire son désir d'exprimer ce qu'il est et sa dépression de ne pouvoir être. L'enfant qui refuse de se conformer, tant aux demandes de ses parents qu'à la mise au bâillon de ses émotions, devient à nos yeux un enfant difficile, un mouton noir, un cas, un «pas-comme-les-autres»! Plusieurs de ces enfants qui réagissent à cette violence du silence se retrouvent au tribunal où je suis juge pour enfants.

Ces jeunes qui se présentent en audition à la Chambre de la jeunesse en ont long à dire sur la violence qu'ils vivent depuis leur enfance, sur la réponse des adultes lorsqu'ils osent exprimer leurs besoins, sur la place qu'on leur réserve dans leur famille, leur école, leur quartier. De frustration, de tristesse, de douleur, leurs mots remplis de colère résonnent dans la cour. Que disent ces enfants, ces petits écrasés, humiliés, apeurés, ces jeunes qui vieillissent trop vite?

Je me souviens de Karine qui, du haut de ses 6 ans, me regardait. Depuis qu'elle est toute jeune, Karine sait qu'elle est trop grosse. Née avec une petite rosette dans les cheveux, elle sait, on le lui a si souvent répété, qu'avoir une rosette, c'est ne pas être belle! Elle sait aussi combien elle n'est pas aimable, car tous les matins, sa mère la bat lorsqu'elle ne parvient pas à la coiffer. Karine a tenté de dire à sa mère qu'elle était une bonne enfant. Elle a tenté de toutes ses forces de lui plaire en devenant silencieuse, souriante, mince. Elle a voulu cesser de manger et elle s'est coupé elle-même les cheveux croyant rendre sa mère heureuse. Mais ça n'a pas suffi, elle ne parvenait pas à être comme sa mère voulait. Comment se sent-on à 6 ans quand on est battu par la personne qui compte le plus pour nous malgré tous nos efforts pour lui plaire?

Que nous disent Jean-François, Charles et Julie, enfants de 8 ou 9 ans au passé criminel impressionnant? Ou Félix et Marie, des enfants de 11 ans qui se plaisent à faire des délits pour exprimer leur colère? Ont-ils appris à manifester leur colère ainsi en voyant leur père battre leur mère? En subissant eux-mêmes les coups de la vengeance de leur grand frère? Où donc les enfants apprennent-ils cette violence?

Que veulent Annie et Jérôme, alcooliques et toxicomanes à 12 ans? Que désirent ces jeunes qui retournent leur colère contre eux, qui n'ont plus le goût de vivre et se gèlent pour moins souffrir! Ils ont compris qu'il fallait s'accrocher à quelque chose parce qu'ils sont convaincus que tout ce qu'ils sont est mauvais, sans valeur. Ils ont appris à taire leurs sentiments, à les noyer dans l'alcool, à les faire disparaître dans le nuage de la drogue. Ils ont appris très vite que ce qu'ils portaient en eux, n'était pas assez solide, n'était pas assez beau ni assez bon. À oublier qui ils sont, qui ils auraient pu être, qui ils auraient voulu être parce que rien de tout cela n'est acceptable!

Certes tous les enfants ne développent pas des troubles de comportement, tous ne sont pas maltraités ou agressés. Heureusement, la plupart des jeunes ne réclameront pas de services de la part du système de protection. Cependant, il demeure que le processus de négation de l'enfant se retrouve dans la majorité des familles, d'une façon plus ou moins accentuée.

Tous les enfants sont porteurs d'absolu, mais ils n'ont pas encore nommé cette quête d'absolu qui donnera un sens à leur vie. Pourtant, un nombre croissant de jeunes nous disent, de façon de plus en plus éloquente, qu'ils sont égarés et blessés. Ces enfants sentent déjà qu'en étant fidèles à l'autorité intérieure qui les habite, ils ne pourront que décevoir les adultes qui réclament obéissance à l'autorité extérieure. Alors comment trouver une solution? Ils ne savent pas, convaincus dès la petite enfance qu'ils ne sauraient être porteurs de réponses. Leurs réactions de peur, d'égarement, de tristesse, de colère, de fuite, de révolte ne sont pas surprenantes; elles sont généralement saines! Ces jeunes disent à leur manière: «J'ai mal de ne pouvoir être ce que je suis, de devoir nier ce que je ressens, d'être condamné à taire ce que je perçois pour obtenir un peu d'amour.»

Mais pourquoi tant d'entre eux ne réussissent-ils pas à se rendre aimables aux yeux d'un parent? Ont-ils déçu leurs parents dès la naissance? «L'objet commandé» ne les a pas satisfaits? Était-il imparfait? D'où vient cette carence d'amour? Pourquoi ces jeunes ne sont-ils pas aimés?

Le regard des parents

Les parents portent sur leurs enfants un regard influencé par leurs attentes, par leur propre enfance, le milieu dans lequel ils vivent, la norme qui les régit au moment présent, en un mot: leur propre réalité. Par conséquent, un enfant qui semble inacceptable dans un milieu pourrait être tout à fait apprécié dans un autre, aux yeux d'adultes aux normes et valeurs différentes.

Le regard du parent qui accueille son nouveau-né est teinté d'une multitude de couleurs et de formes. Dès sa naissance, le poupon subit la comparaison à d'autres enfants. Il se retrouve en piste côte à côte avec le fils de la belle-mère, la fille du nouveau conjoint, les jumeaux du voisin, l'enfant idéal et normal des spécialistes et les enfants qu'ont été ses père et mère.

Lorsque j'écoute des parents au tribunal, je pressens derrière leur témoignage l'amalgame d'espoirs satisfaits ou déçus qu'ils ressentent face à leur petit. Certains disent spontanément: «Moi, cet enfant-là, je ne l'ai jamais voulu!» Ou: «Pour tout vous dire, j'ai déjà trois gars, et j'aurais bien aimé avoir une fille.» Ou encore: «Je n'ai jamais été capable de supporter cet enfant-là, il est trop comme son père...» Bien sûr, seule une minorité de parents se retrouve au tribunal, mais leur exemple nous permet de mettre en lumière des comportements que nous avons tous comme parents, à des degrés divers.

Ainsi une multitude de facteurs influence dès le départ cette relation parent-enfant où pouvoir et savoir s'entrechoquent. Des parents dévalorisés et sans espoir, souffrant d'une maladie mentale, vivant une relation conflictuelle ou offensante, ayant peu d'estime de soi, auront plus de difficultés à accueillir la richesse de leur enfant et à lui accorder l'acceptation nécessaire à son développement. Le chômage, les difficultés financières, l'isolement peuvent également entacher la vision de la vie que les parents transmettront à leur enfant. Ils pourront devenir plus contrôlants, vouloir le limiter et l'empêcher de devenir lui-même. Leur connaissance même de leur rôle de parent et de leurs enfants influe également sur leur façon d'être et d'assumer cette responsabilité. Bref, le statut, le niveau de vie économique, la reconnaissance sociale, les attentes individuelles, la conception de la vie, la satisfaction personnelle sont tous des éléments qui contribuent à déterminer la disponibilité d'un adulte à assumer son rôle de parent et la qualité de la relation qu'il pourra créer avec son enfant.

Parler d'acceptation d'un enfant, c'est parler de son besoin d'espace psychologique, d'ouverture sur ce qu'il vit. Dès lors, il faut nous demander comme parents si nous sommes capables de faire une place de choix pour nos jeunes. Sommes-nous prêts à accueillir notre enfant dans sa différence et son imperfection? Sommes-nous prêts à remettre en question nos normes et nos définitions pour respecter chacun de nos enfants?

Quand mon fils Michel était tout petit, je suivais sa croissance à la loupe, avec ma «bible» du développement de l'enfant (Gessell). À l'époque, c'est ce qu'il convenait de faire pour être un bon parent. «Il est rendu à tel stade, il a acquis les connaissances "normales" pour un enfant de son âge, alors tout se déroule parfaitement.» Si, par malheur, mon fils accusait le moindre retard dans une partie de son développement, alors je paniquais et mettais l'accent sur cet aspect-là. C'était le branle-bas de combat: il fallait à tout prix que Michel acquière ces apprentissages. Je me percevais comme une mère dévouée, aimante et entièrement centrée sur le bien-être de son enfant. Aujourd'hui, je suis plus en mesure d'évaluer la distance qui me séparait d'une véritable acceptation de mon fils, d'un authentique amour.

Dans l'ensemble de son évolution, mon fils aurait pu acquérir plus vite tel apprentissage, plus lentement tel autre, mais était-ce vraiment si important qu'il suive la courbe normale de développement? Avec tout mon amour et mon grand désir de voir Michel évoluer selon les normes, je n'étais nullement à son écoute. Je regardais mon fils à travers des statistiques de spécialistes de l'apprentissage! Ce n'est que bien plus tard, et avec beaucoup de regrets, que j'ai réalisé ce manque d'écoute à l'égard de mon enfant.

Michel aimait le ski de compétition, mais il se plaignait régulièrement de douleurs aux genoux. «C'est un enfant unique, peut-être devrait-il développer plus d'endurance?» nous disions-nous alors. «Ce n'est rien voyons, continue!» Ni moi ni son père ne l'avons écouté lorsqu'il nous parlait de sa douleur. Mon fils, comme tous les enfants, voulait être aimé, et pour ne pas nous décevoir, il a fait taire son mal de genoux. Il s'est conformé avec bonne volonté à nos demandes. C'était un garçon aimable, modèle, admiré! Nous espérions alors qu'il s'amuse avec ses cousins et amis, qu'il réussisse et fasse partie d'une équipe de compétition. Nous l'avons poussé, et poussé, jusqu'au moment où il a dû être opéré aux deux genoux! Lui savait... mais nous ne l'avons pas écouté!

Nous n'écoutons pas assez nos enfants. Au-delà de leurs paroles, nous demeurons trop souvent insensibles aux émotions qu'ils tentent de nous communiquer. Comme parents, comme adultes, nous nions souvent nos souffrances, nos émotions. Il nous arrive fréquemment d'être sourds et indifférents à notre vie intérieure. Comme adultes, nous courbons l'échine et acceptons de nous comporter selon les conventions. Comme parents, nous exigeons de nos enfants qu'ils se conforment et les fustigeons s'ils refusent de suivre nos traces.

Force est de constater que nous ne sommes que très peu en contact avec nos propres besoins, affairés à courir, à travailler. Il n'est pas surprenant que nous n'ayons ni le temps ni l'énergie pour répondre aux questions d'un enfant de 6 ans! Nous ne pouvons lui donner une meilleure place que celle que nous nous accordons. Notre sensibilité à l'enfant est tributaire de l'attention que nous accordons à nos propres émotions. Réaliser, ne serait-ce qu'un instant tout ce qu'il nous faut sacrifier pour occuper tel poste, courtiser telle personnalité politique, obtenir tel avantage social ou financier, nous incite à devenir plus soucieux de la qualité de la relation que nous établissons avec nos enfants.

Enfants d'hier, parents d'aujourd'hui

Vouloir être en contact avec nous-mêmes comme parents, comme adultes, nous amène à reconquérir l'enfant en nous. Pour la majorité d'entre nous, l'enfance s'est tissée de moments heureux et malheureux. Les parents d'aujourd'hui sont les enfants d'hier; tantôt des enfants heureux, respectés, acceptés; tantôt des enfants exploités, négligés, rejetés. Pour survivre à leur souffrance, beaucoup ont dû l'occulter. Hier des enfants ont eu mal, ont eu peur, ont été en colère, des enfants se sont tus, se sont tués... Aujourd'hui qui sont-ils comme parents?

À l'épicerie, une mère gifle son enfant de 7 ans. Comment pourrait-elle agir ainsi si elle ressentait de nouveau la peur, l'humiliation, la brûlure sur la joue qu'elle éprouvait quand, toute petite, sa mère la corrigeait ainsi? Car se souvenir, ne serait-ce qu'un seul instant, de ce qu'ils vivaient alors empêcherait tous les parents de frapper leurs enfants, en privé ou en public. En se coupant de cette souffrance, ils peuvent ainsi répéter cette violence, sans douleur, en la justifiant même au nom de l'intérêt de l'enfant.

Les parents qui battent leurs enfants ont vécu autrefois des injustices, de la négligence, de la violence.

> Depuis ce que nous lisons constamment dans les journaux, il est aujourd'hui statistiquement prouvé que la plupart des personnes qui maltraitent leurs enfants ont subi elles-mêmes de mauvais traitements dans leur enfance. Cette information n'est pas tout à fait juste car ce ne sont pas «la plupart» des personnes, mais toutes[7].

Pour survivre, beaucoup ont dû couper les émotions liées à ces événements. C'est parce qu'ils ont refoulé et oublié la douleur associée à de tels gestes que ces adultes peuvent battre leurs enfants.

> [...] cette absence de sensibilité aux souffrances que l'on a soi-même endurées dans son enfance fait que l'on reste aussi étonnamment sourd aux souffrances des autres enfants. Si ce qui m'a été fait était nécessaire pour mon bien, ce traitement est à admettre comme faisant partie intégrante de la vie, et il n'y a pas lieu de le remettre en question.
> Cette insensibilité prend sa source dans les mauvais traitements que le sujet a lui-même subis et dont le souvenir peut certes avoir été conservé, mais dont le contenu émotionnel, l'expérience profonde des coups et de l'humiliation, a dû être dans la majorité des cas totalement refoulé[8].

Trop souvent, des enfants sont battus. Lorsque le tribunal est saisi de la situation de ces jeunes, leurs parents sont appelés à témoigner. «Regardez-moi, me disait l'un d'entre eux, j'ai été battu toute ma vie. Voyez l'homme que je suis devenu! Ça m'a été bénéfique!» On ne pouvait entendre parent plus convaincu et sincère. Fier de ce qu'il était, ignorant qu'il avait occulté la souffrance liée aux mauvais traitements qu'il avait subis, ce père justifiait la violence à l'égard de son fils par la nécessaire éducation que doivent garantir les parents à leurs enfants. Il rationalisait ainsi ce qu'il faisait vivre à son garçon en le battant. Mais que ressentait cet homme lorsque, enfant, il était battu, lorsque le droit de parler lui était interdit? Que sentait-il en étant frappé pour avoir renversé un verre de lait? Qu'est devenu le petit garçon en lui qui a eu si mal et si peur, qui a été tellement en colère qu'il a voulu tuer?

Le drame de ces enfants, aujourd'hui devenus parents, c'est d'avoir été meurtris, tellement démolis de l'intérieur qu'ils ne peuvent que répéter cette douleur.

> Les parents qui n'ont jamais fait l'expérience de l'amour dans leur enfance, qui se sont heurtés à la froideur, à la rigueur, à l'indifférence et à une sorte d'aveuglement permanent lorsqu'ils sont venus au monde, ceux dont toute l'enfance et toute la jeunesse se sont déroulées dans cette atmosphère, ne peuvent pas donner d'amour[9].

Au tribunal, quand des parents tentent de me convaincre de la nécessité de frapper des enfants, leurs enfants, je les interromps toujours: «Ne me dites pas qu'il est normal de battre votre enfant! Ne me dites pas qu'il est normal que vous ayez été battu! Ce n'est ni normal, ni nécessaire d'être battu!» Que des parents et même des enfants tentent de me persuader avec sincérité de l'utilité de battre ou d'être battu et de la normalité de ce fait m'attriste énormément. J'y vois l'indice de la gravité de la violence qu'ils ont subie, de la profondeur de leur souffrance.

Et ces parents de dire: «Il est tellement fin mon fils après avoir été battu. Là, il comprend, on ne l'entend plus!» Bien sûr, cet enfant battu est silencieux: il n'existe plus, il est complètement anéanti! Blessé, apeuré, impuissant, il accepte de se conformer, de devenir ce que ses parents veulent qu'il soit. Comment pourrait-il être encore plus soumis, il n'est qu'obéissance!

De fait, donner un coup de poing à son enfant écrase toute possibilité de discussion! Par ce geste, le parent refuse d'écouter son fils et d'avoir à se remettre en question. Il maintient sa position de supériorité dans le rapport de force établi avec son enfant. Il utilise sa force physique et son pouvoir d'adulte pour imposer son autorité.

Lorsque le parent utilise la violence pour mâter son fils, c'est aussi une partie de lui-même qu'il fait taire et violente. Insensible à l'enfant qu'il a été, ce père ne sait plus écouter le petit garçon blessé qu'il porte en lui. Après la crise, c'est le calme plat... son fils s'est tu, il s'est conformé, il n'existe plus... le père aussi s'est tu, terriblement seul avec sa propre souffrance et la douleur de l'enfant en lui qu'une fois de plus il a refusé d'écouter...

Plusieurs des enfants que je rencontre au tribunal ont déjà appris à nier tout ce qu'ils ressentent. Ils sont prêts à excuser leurs parents, à se culpabiliser pour tout ce qui leur arrive. J'entends ainsi des jeunes convaincus qu'ils méritent d'être maltraités, que leurs parents sont justifiés de les avoir battus! Ils ont intégré tout ce que leurs parents leur ont enseigné depuis leur tendre enfance, tout ce que leurs parents ont gardé et transmis de leur propre enfance. Comme leurs parents avant eux, ces enfants sont prêts à se conformer, à faire tout en leur pouvoir pour répondre aux attentes de leurs parents; ils veulent être aimés... Quand un enfant a vécu l'inceste, par exemple, il a très tôt compris qu'il est un objet. Il n'est pas surprenant qu'une fois adolescent, il se prostitue, se vende: il agit ainsi en fonction de l'image de lui-même qu'il a développée, il ne fait que continuer à se détruire.

Et c'est le cercle vicieux de la violence: l'enfant battu hier devient un parent qui, à son tour, bat son enfant s'il ne ressent plus sa douleur d'enfant battu. Pour mettre fin à cette dynamique, il faut que nous, parents, prenions conscience de cette réalité. Il nous faut redécouvrir l'enfant que nous avons été, l'enfant que nous portons et que trop souvent nous faisons taire.

Or c'est fréquemment à travers nos enfants que s'amorce ce processus de prise de conscience, douloureux sans doute, mais extrêmement salvateur. Je vois ainsi régulièrement à la cour des enfants qui portent la responsabilité de maintenir l'équilibre du couple ou de la famille, ou encore qui, par leurs comportements, demandent de l'aide pour leurs parents. Et pourtant, il m'est souvent donné de voir des parents résister longuement — des mois sinon des années — avant d'accepter leur part de responsabilité dans la situation familiale. Certains refusent carrément d'admettre qu'ils jouent un rôle dans les problèmes que vit leur enfant.

Françoise Dolto nous a souvent répété que les enfants portent sur eux à la fois le dysfonctionnement de la famille et trop souvent les demandes d'aide et le manque d'amour des parents. Elle expliquait qu'après avoir rencontré un enfant ayant divers problèmes, elle pouvait décider de le renvoyer jouer afin de travailler avec les parents.

Plusieurs études, entre autres celles sur la toxicomanie, ont démontré que les enfants s'attribuent ou se voient confier différents rôles dans leur famille: tantôt ils sont sauveteurs, tantôt bouffons, tantôt souffre-douleur. J'ai également souvent constaté que lorsqu'un jeune cesse d'assumer le rôle de souffre-douleur, de clown, de génie, un autre membre de la famille se charge de prendre la relève. Par exemple, le deuxième enfant de la famille se mettra à manifester des problèmes identiques. Il arrive aussi que des interventions de rééducation aident à tel point l'enfant à reprendre confiance en lui-même et à devenir autonome que sa réintégration dans la famille produit un impact majeur sur celle-ci. Combien de fois assiste-t-on à la séparation du couple à la suite de la réinsertion d'un enfant dans la cellule familiale? Bien que les parents soutiennent souvent que tel enfant est le problème et que tous les autres membres de la famille se portent bien, nous pouvons nous poser de sérieuses questions sur cette réalité. Reconnaître notre part de responsabilité dans la famille peut nous amener vers une véritable transformation de la dynamique familiale.

Des enfants violentés: une impasse pour la famille de demain

Cette prise de conscience de notre rôle comme parents nous amène à réfléchir sur la famille en tant qu'institution qui transmet des valeurs à nos enfants. La famille peut être un lieu où nous produisons des enfants conformes à notre image, fidèles à nos idées, dociles à nos attentes, mais elle peut également devenir un lieu où l'enfant est perçu comme une personne, avec sa propre identité et dont elle doit favoriser l'éclosion. En fait, notre conception de la famille et de l'éducation peut nous porter à violenter l'enfant pour le rendre conforme à ce que nous sommes et à ce que nous attendons de lui ou nous motiver à le soutenir dans le choix de sa route pour l'aider à grandir et à devenir un adulte en paix avec lui-même et avec les autres.

Mais où donc établir la frontière entre les apprentissages essentiels au développement d'un enfant et ceux qui, au contraire, le brisent et le violentent? Pour répondre à cette interrogation, il nous faut scruter nos motivations lorsque nous «éduquons» nos enfants. Voulons-nous, consciemment ou non, les rendre conformes à notre image, à un idéal, à une norme? Ou souhaitons-nous qu'ils grandissent et s'épanouissent dans la joie et la sérénité?

Force est d'admettre que malgré notre amour et notre bonne volonté comme parents, nous violentons trop souvent nos enfants. À travers nos attentes, nous comparons le nouveau-né aux autres enfants, à la courbe normale de développement. Nous lui apprenons à obéir et trop souvent à renier ce qu'il est. Tenter de rendre nos enfants conformes à nos attentes, c'est nier ce qu'ils sont, et c'est là la plus grande et la plus subtile de toutes les violences.

L'enfant doit surtout, comme tout être humain, être libre d'obéir à ses voix intérieures. En éduquant nos enfants pour les rendre conformes à une image sociale normale, nous les privons malheureusement du plus beau cadeau de la vie: le plaisir de se découvrir et de s'accomplir.

Nous chérissons aujourd'hui les parents de demain. Pour permettre à nos enfants d'être à l'écoute de leur monde intérieur, de mordre à belles dents dans la vie, il nous faut nous-mêmes, comme parents et adultes, avoir accès à notre âme d'enfant. C'est en retrouvant notre esprit d'enfance, avec ses joies et ses souffrances, que nous permettrons à nos jeunes d'être des enfants, et que nous saurons accepter leurs rêves et leurs peines dans une communication vraie marquée par la réciprocité. Lorsque nous ne parvenons pas à garder ce contact avec l'enfant qui nous habite, quand nous nous coupons de nos émotions et sommes incapables de ressentir avec nos enfants, alors nous ne pouvons que perpétuer le cycle de la violence. En occultant la souffrance que nous avons nous-mêmes vécue, il nous est impossible de construire à partir de cette souffrance et d'accéder au bonheur.

Sommes-nous prêts à nous remettre en question pour retrouver l'enfant que nous avons été? Sommes-nous prêts à repenser la famille que nous avons créée pour nos enfants? Dans quelle mesure acceptons-nous de prendre conscience de la violence que nous avons subie et qu'à notre tour nous faisons vivre à nos enfants par notre manque d'écoute et de sensibilité? La réponse est d'abord personnelle, en tant qu'adulte, en tant que parent, en tant qu'être humain. Mais elle est aussi collective.

Chapitre II

L'école: la violence de l'étiquette

> *L'éducation, c'est l'éducation à l'amour, «au respect de l'autre, au respect de soi». Le sens de la relation de deux sujets qui se rejoignent dans le Désir.*
> *On fait avaler aux enfants des connaissances sans faire les expériences qui ont permis à ce savoir de faire partie du patrimoine culturel.*
>
> FRANÇOISE DOLTO[1]

Je donne beaucoup de conférences dans le milieu scolaire, tantôt à des enseignants, tantôt à des directeurs d'écoles ou à des administrateurs. À ces occasions, j'insiste continuellement sur la nécessité de centrer notre action éducative sur l'enfant, sur ce qu'il vit, sur l'importance d'être à l'écoute de son langage. Lors d'une de ces rencontres, un enseignant m'adressa la remarque suivante: «Madame la juge, vous ne comprenez pas. Nous avons un programme à suivre! Écouter les enfants aurait comme conséquence de nous retarder et de les pénaliser aux examens du ministère!»

Cet enseignant avait raison, je ne comprenais pas. Et je ne comprends toujours pas! Je ne conçois pas qu'on puisse tolérer la violence d'un système scolaire qui, à bien des égards, a perdu de vue sa raison d'être: l'éducation des enfants! Je me refuse de comprendre une école qui privilégie la matière, le contenu, le diplôme au détriment de la personne; la performance, la compétition, l'excellence plutôt que l'émulation, la collaboration et la générosité! Malheureusement, je crois comprendre pourquoi près de 45 p. 100 de nos adolescents décrochent d'un tel système pour survivre!

En effet, dans les écoles, trop souvent l'action éducative demeure fondée sur les mêmes règles qui prévalent dans la famille: l'adulte sait tout et l'enfant ne sait rien. Il y a lieu de s'interroger sur la place faite à l'enfant dans notre système scolaire. Quelle importance donne-t-on à la véritable éducation qui consiste à aider un enfant à grandir et à aller au bout de lui-même en établissant une vraie communication entre un enseignant et un élève, dans le respect et la dignité?

Apprendre à être ce qu'il faut être

Autrefois, l'éducation des enfants était presque entièrement assumée par les parents et la famille élargie, elle-même enracinée dans la communauté. Les garçons apprenaient à travailler avec leur père sur la terre ou dans le village, les filles étaient initiées par leur mère à leur rôle de femmes au foyer. L'influence des parents en tant qu'éducateurs demeurait fort importante au-delà de l'enfance puisqu'ils participaient à l'intégration de leurs enfants dans la vie adulte.

Avec la modernisation, s'est développé un système scolaire chargé de répondre aux besoins croissants des industries à la recherche d'adultes formés et compétents. Selon les sociétés, époques, modes, les pédagogues ont eu pour mission d'élaborer un contenu scolaire standardisé regroupant l'essentiel de la matière devant permettre aux enfants de devenir de bons citoyens, bien intégrés. Des experts-enseignants se sont chargés de l'éducation des enfants. L'engagement des parents et des proches dans l'éducation des enfants s'est estompé.

Dans ce contexte l'enseignant, héritier du rôle de transmettre le savoir aux jeunes, se voit nanti d'une grande autorité sur l'enfant-élève. À l'inverse, l'enfant, qui a tout à apprendre, se retrouve à nouveau dans une position de dépendance parce qu'il y a dans ce contexte continuité de la notion d'autorité parentale. Le regard d'un parent se voit donc confirmé ou modifié par celui que posera l'enseignant sur un enfant.

Il importe de répéter à quel point le regard de l'adulte influence l'enfant. En éducation, le pouvoir de transformation de ce regard est connu comme l'effet Pygmalion: je deviens ce que le regard de l'autre me fait devenir. Si notre regard est aimant, acceptant, l'enfant deviendra aimable, accepté. Si notre regard est méprisant, rejetant, s'il reflète la conviction que l'enfant ne vaut rien, celui-ci sera brisé et se sentira rejeté; il perdra l'estime de lui-même! *Nous grandissons pour les autres par les autres et avec les autres.*

Que voit l'enseignant lorsqu'il regarde les enfants de sa classe? Voit-il des élèves doués? intelligents? médiocres? Voit-il des cancres? des décrocheurs? des cas problèmes? Qu'attend-il au juste de chacun d'eux? Qu'espère-t-il pour eux? Je me souviens d'un jeune que j'ai représenté en tant qu'avocate. Un jour, il m'a déclaré: «Je suis vraiment niaiseux!» Alors que je lui demandais pourquoi il disait cela, il m'a répondu avec une grande tristesse que c'est ce qu'il avait appris à l'école. «J'étais tellement niaiseux, m'a-t-il expliqué, qu'ils m'ont mis dans une classe de niaiseux où l'enseignant ne nous regardait même pas. Il lisait son journal!» Ce jeune, étiqueté «bon à rien», n'avait plus de valeur aux yeux de l'enseignant. Ce dernier, convaincu que l'enfant n'avait aucun potentiel, l'ignorait totalement. Ainsi, on s'attend de certains jeunes qu'ils progressent, qu'ils se développent, qu'ils donnent une bonne performance. Des autres, on appréhendera la révolte, les échecs, le décrochage.

Notre système scolaire est en général basé sur la notion d'excellence[2]. Un bon élève obtient des notes élevées aux examens du ministère; c'est un étudiant discipliné, studieux qui adhère à l'idéal de la performance. Ses succès scolaires sont à l'image de son ambition et de ses possibilités de réussite sociale. L'essence de cette norme d'excellence prévoit d'emblée que tous les enfants ne peuvent pas y accéder. La course à l'excellence présuppose donc que peu d'étudiants y parviendront, que la majorité d'entre eux seront dans la moyenne et que les autres seront derrière, destinés à la médiocrité. Vouloir déceler et miser sur les élèves prometteurs implique du même coup identifier les non-prometteurs, les non-excellents, les non-performants!

L'excellence ainsi définie encourage la compétition. Notre regard d'adulte s'illumine en devinant le potentiel d'un enfant. À l'opposé, l'enfant vu comme médiocre nous assombrit, alors nous le ramenons à un rang inférieur. Le système scolaire attend moins de lui, lui propose moins, lui demande moins. Déjà, l'élève a été jugé avant même d'être écouté. À ce propos, Albert Jacquard disait:

> Les enseignants qui empêchent un élève d'accéder à l'enseignement le plus riche, le plus respectueux de sa capacité à forger peu à peu lui-même son intelligence, sont semblables à des juges qui condamneraient un accusé en refusant d'écouter sa défense[3].

La mécanique de cette sélection se concrétise par le processus des examens. Les notes de passage s'élèvent telles des épées de Damoclès. Les examens offrent l'occasion de départager les bons des autres. Albert Jacquard compare ainsi cette logique du système éducatif à celle d'un tribunal qui trace la ligne entre les enfants qui réussissent et ceux qui échouent:

> Le système éducatif lui-même se transforme progressivement en système judiciaire. Il faut qu'un élève soit jugé méritant pour être autorisé à poursuivre ses études.

> Les conseils de classe qui décident les orientations se transforment en tribunaux qui condamnent, éliminent, filtrent avec le plus de sévérité possible. La gloire des lycées est d'avoir un pourcentage élevé de reçus au bac; la recette pour y parvenir est simple: ne laisser parvenir en classes terminales que les élèves dont les performances sont les meilleures et orienter le reste vers d'autres activités. Les responsables des établissements scolaires se transforment ainsi en magistrats satisfaits d'avoir beaucoup condamné[4].

Un programme au contenu standardisé, des objectifs identiques, des examens normalisés, constituent donc le chemin que doivent suivre tous les écoliers. Au terme de ce processus de sélection, le couperet tombe et l'octroi d'un diplôme tranche définitivement entre les bons et les autres. L'école devient une cour de triage, aiguillonnant trop souvent les diplômés vers la conformité de l'intégration sociale et les décrocheurs vers des voies d'évitement, vers la marginalité.

Ainsi l'éducation de l'enfant vise essentiellement l'obtention d'un diplôme; à ceux qui réussissent, cette étape de passage ouvre — mais pas toujours — les portes de la réussite sociale; aux autres, elle ne fait que confirmer leur soi-disant médiocrité. Et en bout de piste, près de la moitié de nos jeunes ne passera pas le fil d'arrivée. Qui est responsable de cette situation? N'est-il pas urgent de se poser de sérieuses questions sur notre responsabilité individuelle et collective afin de trouver des pistes de solutions?

Derrière l'étiquette: un enfant

Près de 45 p. 100 de nos jeunes décrochent avant la fin de leurs études secondaires! Quelle réalité se cache derrière ce triste constat? Il y a, bien sûr, la course vers l'excellence. Mais également tous ces jeunes qui tentent, à leur façon, de nous parler d'eux. Que cherchent-ils donc à nous dire?

Diverses études et recherches en apprentissage tendent à démontrer que les échecs scolaires tirent leur source en grande partie de la tendre enfance, de la famille. Nous savons maintenant que de nombreux jeunes ont été étiquetés comme ayant des troubles d'apprentissage pour une foule de motifs telles des difficultés de concentration, de compréhension, d'assimilation. Ces problèmes d'apprentissage témoignent souvent de réalités fort différentes. À côté d'un jeune qui éprouve des difficultés liées à ses capacités intellectuelles, on trouve parfois une enfant tenue éveillée la nuit par les querelles incessantes de ses parents en instance de divorce. Ces deux élèves éprouvent pourtant tous deux des difficultés de concentration. Comment un problème d'algèbre peut-il intéresser une fillette de 9 ans qui vit dans l'attente de savoir où elle va demeurer et avec qui, ou encore si elle sera séparée de ses frères? Comment les règles de grammaire peuvent-elles être assimilées par un enfant qui a faim? Comment croire qu'un jeune qui se prostitue ou qui erre toute la nuit sera à 8 h chaque matin sur un banc d'école et heureux d'y être? Et comment ce jeune de 12 ans, qui vit une relation incestueuse depuis quatre années, peut-il se concentrer sur une leçon de biologie? Nous savons que ces expériences conditionnent les capacités d'apprentissage des enfants; il est illusoire de penser que les jeunes qui vivent de grandes difficultés familiales puissent avoir la disponibilité nécessaire pour apprendre.

Et pourtant... devant nos yeux, des jeunes éprouvent des troubles d'apprentissage et décrochent. Ils deviennent des jeunes profondément meurtris dont les échecs scolaires répétés n'étonnent plus personne. Ces échecs sont prévus, attendus. Peu de ces enfants ont été regardés avec des yeux d'amour, comme quelqu'un de beau, de grand, de digne. Ils sont devenus ce que nous attendions d'eux: des jeunes peu aimables, agressifs, décrocheurs.

À la cour, j'ai rencontré Marc, un enfant qui n'a jamais «réussi». Année après année, il n'a cumulé que des échecs. À son dossier scolaire, j'ai lu la mention: première année faible.

Quel avenir pouvons-nous entrevoir pour ce jeune qui a échoué sa première année? Marc sait le peu qu'il représente à nos yeux! Il a fort bien capté notre message: «Tu ne vaux rien si tu ne réussis pas comme les autres!» Tout en cet enfant montre qu'il est imprégné de ce discours meurtrier, qu'il se conforme à l'image bien intégrée de son incapacité d'apprendre. Dois-je alors m'étonner qu'il cherche encore à fuir ces classes où le regard des enseignants lui reflète ses échecs scolaires et son incapacité? D'où tire-t-il la saine énergie de vouloir encore s'éloigner d'un mépris aussi ouvertement exprimé? Le jeune décrocheur a compris que l'école ne lui offrira pas le regard aimant et valorisant d'un adulte qui croit en lui. Alors, c'est à l'extérieur du milieu scolaire qu'il poursuit sa recherche en vue de trouver cette acceptation qui lui est essentielle.

Pour une grande majorité de jeunes décrocheurs, l'école répète un discours familier, connu depuis leur tendre enfance. Aux parents qui disaient à l'enfant: «Tu n'es pas fin, tu n'es pas bon, tu n'es pas comme nous voulons que tu sois, tu ne comprends rien, espèce d'idiot», l'école fait écho: «Tu ne réussis pas comme les autres de la classe, tu es moins doué, tu es un bon-à-rien!» Les jeunes décrocheurs s'éloignent, non seulement de l'école, mais plus largement de la vie. Ils s'isolent, se sentant trahis par une famille qui n'a pas su répondre à leurs besoins, niés par une école qui n'a pas su comprendre qui ils étaient.

Les jeunes décrochent de dépit, de déception, de rage. Ils décrochent, frustrés de n'avoir pu «être» pour quelqu'un qui croyait en eux. À la suite d'une enquête sur la réalité spirituelle des adolescents, Jacques Grand'Maison formulait ainsi ses préoccupations au sujet du décrochage scolaire:

> Ce problème effarant n'est que la pointe de l'iceberg. Plus nous avons avancé dans cette recherche auprès des adolescents, plus nous nous sommes rendu compte de leur situation dramatique jusque dans ses profondeurs, morales et spirituelles[5].

Cependant, en dépit de la gravité de la situation, ce phénomène ne me semble pas être le problème majeur du système scolaire. Je le conçois plutôt comme un symptôme alarmant du malaise plus grave et plus vaste que vit le milieu de l'éducation. En ce sens, je m'inquiète autant de certains jeunes diplômés et des apprentissages qu'ils ont faits à travers ce processus scolaire soi-disant éducatif.

Qui n'a pas entendu de jeunes diplômés dire: «Ce poète-là, ça m'a vraiment ennuyé de le lire! Je n'en pouvais plus, on a dû se taper tout son livre!» Et ces adolescents deviennent rébarbatifs à toute poésie pour une grande partie de leur vie! Ou: «Ce que j'ai appris à l'école ne m'a jamais servi. Seulement deux cours m'ont intéressé; les autres, je les ai suivis parce qu'il le fallait. L'examen était superstressant; seuls les dix meilleurs avaient le droit de choisir le laboratoire de chimie, et moi c'est ce qui me passionnait.» Ou, pis encore: «J'ai commencé à apprendre après avoir terminé l'école.» Est-ce là les échos du plaisir d'apprendre que nous avons transmis à nos enfants? Est-ce le type d'ouverture au monde que nous voulons partager avec eux? Est-ce ce que nous comprenons derrière les termes éducation, croissance, découverte de la vie?

Nos jeunes diplômés parviennent à répondre à nos standards, mais, dans certains cas, à quel prix? En définitive, ils ont absorbé une matière souvent peu reliée à leur vécu. Et pourtant, nous savons que l'enfant apprend lorsqu'il trouve une place pour son expérience. Je me souviens de cette mère de deux enfants d'âge scolaire qui me racontait que son mari avait amené ceux-ci visiter l'aluminerie où il travaillait. Il leur avait expliqué les étapes de fabrication du métal et ses utilisations. Peu de temps après cette visite, la cadette assistait à un cours à l'école abordant métiers et professions. Enthousiasmée par le sujet, la jeune fille a proposé à l'enseignant de parler de sa visite à l'usine de son père. L'enseignant a gentiment refusé son projet, expliquant tout simplement que ce type de métier n'était pas prévu au programme. Il n'aurait suffi que de quelques minutes, un peu de spontanéité pour que cette enfant partage avec ses amis la vie de sa famille et la fierté d'avoir un père compétent accomplissant un travail difficile. Quels principes éducatifs justifient un tel refus?

Au-delà des connaissances transmises, les enfants apprennent trop souvent à se plier à l'autorité d'un adulte-enseignant, en sacrifiant leurs intérêts et en niant leur expérience. Les enfants qui réussissent ont compris et accepté que l'école ne coïncide pas toujours avec leur désir d'apprendre. La curiosité d'un enfant n'a pas sa place dans la classe d'un enseignant qui valorise strictement chez ses élèves la mémorisation de ce qu'il leur a enseigné. Au fil de ce processus soi-disant éducatif, nos enfants ont appris à être bien disciplinés, encadrés, soumis et dociles. Beaucoup d'entre eux ont aussi appris à devenir compétitifs et individualistes. Ils ont, pour ce faire, négligé de connaître leurs voisins de classe, ou peut-être arrêté de les aider spontanément, ou les ont sélectionnés en fonction de leur réussite scolaire.

Trop souvent, les enfants diplômés ont ainsi modelé leurs aspirations pour satisfaire à nos exigences. Sont-ils plus vivants, spontanés, curieux, amoureux de la vie? Avons-nous favorisé le développement de nos enfants ou reproduit un modèle de bon élève? Que nous disent ces jeunes? Que nous disent plus de la moitié d'entre eux qui mènent de front études et travail à temps plein? Au-delà du plaisir de gagner un peu d'argent, de se sentir plus indépendant, n'y a-t-il pas aussi celui plus profond de se sentir valorisé? N'est-ce pas justement cette valorisation, cette estime de soi que l'école ne parvient pas à leur transmettre, qui les attire si nombreux vers le monde du travail?

Diplômés – décrocheurs: deux étiquettes, deux réalités, deux voies divergentes. Néanmoins, un seul discours. Ces jeunes recherchent ailleurs une valorisation qu'ils n'ont pas su trouver dans le système scolaire. Ils refusent nombreux d'avancer, écrasés par le poids d'une étiquette. Ils trouvent souvent l'école vide de sens, désespèrent de ne pouvoir y être heureux ou décrochent complètement, se suicident, désespérés de leurs échecs. Tous ces jeunes remettent en question l'école. Ils nous disent qu'ils ne sont pas bien dans ce milieu rigide, qu'ils apprennent peu, mal, des choses qui ne les intéressent pas, des notions inutiles qui ne leur ressemblent pas. Ils nous expriment leur désintérêt face à la futilité de leurs activités scolaires et l'impression d'y perdre leur temps. Ces jeunes n'ont pas le sentiment de se construire, de grandir en apprenant.

Graduellement, l'école a perdu en partie le sens de la personne en concentrant ses efforts sur la transmission des matières. L'instruction s'est substituée à l'éducation. Dans cette perspective, l'enfant disparaît dans l'ombre de l'élève. Réduire ainsi la réalité d'un enfant à la seule dimension de sa réussite scolaire, c'est perpétuer la violence qu'il vit ou a vécue dans sa famille. L'enfant est violenté par notre exigence de le voir se conformer à la norme de la réussite scolaire. Il disparaît par notre façon de le réduire à l'étiquette de diplômé ou de décrocheur. Il n'existe qu'en fonction des notes de son bulletin, et il est vu à travers elles.

Plusieurs jeunes, qu'ils soient diplômés ou décrocheurs, ressentent très douloureusement cette négation de ce qu'ils sont. Ils ont besoin de sentir que l'école les accueille et leur fait une place de choix. Trop souvent, ils perçoivent qu'à l'école, ils n'ont pas l'occasion de vivre une rencontre avec un adulte significatif qui les écoute, les considère, les aime. Ces jeunes ont besoin de rencontrer des enseignants qui, par leur plaisir d'enseigner, les aident à se centrer sur leur propre goût d'apprendre. Ils réclament d'apprendre avec quelqu'un qui croit en eux et les soutient dans leur recherche de ce qu'ils sont.

Des enseignants contrôlés

Nous avons à peu près tous en mémoire le souvenir d'une personne qui nous a marqués, qui nous a aidés à grandir. Pour beaucoup, cette personne significative, ce fut un enseignant convaincu de notre potentiel et qui nous a profondément aimés.

Aujourd'hui, la plupart de nos enfants vivent au moins une douzaine d'années sur les bancs d'école où les enseignants constituent des figures d'autorité marquantes. Il ne faut pas hésiter à repenser les qualités tant humaines qu'intellectuelles des adultes qui œuvrent quotidiennement auprès de nos enfants. Choisir de travailler avec des jeunes, c'est accepter de s'ouvrir, c'est accepter d'établir une relation vraie. La communication constitue l'essence même de l'enseignement.

L'enseignant a le rôle primordial de révéler à l'enfant son désir d'apprendre. Chaque enfant porte en lui ce désir de découvrir, d'aller plus loin, de se dépasser. Pour l'aider à réaliser ce désir, l'enseignant doit partager son propre plaisir d'apprendre avec l'enfant, à travers son plaisir d'enseigner. Si, comme enseignant, on a perdu ce goût d'apprendre, comment peut-on alors le cultiver chez l'enfant? Si on n'est pas en contact avec son plaisir d'enseigner, de communiquer, on condamne les enfants à l'ennui, à la morosité, on étouffe leur curiosité.

Au couvent où j'ai passé huit années de ma jeunesse, j'ai eu le bonheur de connaître plusieurs enseignantes qui cherchaient vraiment à nous aider à grandir. C'étaient des femmes autonomes, indépendantes d'esprit, qui croyaient profondément à la vie, comme ce professeur de philosophie qui «ne nous enseignait pas toujours ce qu'il fallait enseigner»! Elle nous répétait sans cesse: «N'oubliez pas, il y a des gens qui pensent différemment!» Ce discours était très révolutionnaire à l'époque. C'était la même chose pour le dessin et le chant: les enseignantes avaient gardé leur créativité, leur folie, leur capacité de remettre en question. Elles nous ont transmis le goût d'apprendre. À mon avis, ce succès réside dans la communication qui s'est établie entre un enseignant et son élève. Une personne enseigne, une autre apprend; c'est essentiellement la rencontre de deux individus.

Cependant, il arrive que des enseignants résistent à cet investissement qu'ils ne veulent ou ne peuvent offrir à l'enfant. Quand un enseignant refuse d'ouvrir la porte à l'enfant, qu'il tente de se confiner à son travail, le lien ne s'établit pas. Lorsqu'un enseignant dit: «L'Égypte, c'est ce qui en est dit dans le manuel scolaire», il ferme la porte à toute discussion, à toute découverte, à tout rêve. Il bloque la communication avec l'élève. Qui plus est, il tue le goût d'explorer chez l'enfant, de trouver ce qu'est l'Égypte pour lui. L'Égypte, c'est infiniment plus que la description qu'en fait un manuel scolaire! Comment l'enfant peut-il goûter le plaisir de la découverte si l'enseignant lui en refuse l'accès? Lorsqu'un instituteur exige de ses élèves qu'ils se conforment à sa vision de la réalité, il concourt, lui aussi, à briser ces enfants. Quand il valorise ceux qui ne font que répéter la matière enseignée, il contribue à les couper de leur richesse intérieure. Or c'est souvent notre incapacité à accepter l'enfant dans sa différence et dans sa richesse qui nous rend intolérants et contrôlants vis-à-vis de son développement. De tels enseignants doivent repenser la valeur éducative de leurs attitudes face aux jeunes, face à la vie.

Il apparaît primordial que les enseignants soient en contact avec leur propre plaisir d'apprendre et d'enseigner. Des adultes fiers de leur profession, conscients de l'importance de leur rôle, seront capables de laisser grandir les élèves. Combien d'adultes ont encore accès à l'enfant qu'ils ont été? Combien ont préservé leur capacité de s'émerveiller, de chercher, de respirer la découverte? Combien croient encore profondément en l'humain? Combien sont capables d'innover, de créer, d'accepter de se tromper? Ces questions doivent nous habiter. De nos réponses personnelles et collectives dépend notre capacité de préserver notre richesse et celle de nos enfants.

À plusieurs reprises, lors de rencontres et de conférences dans le milieu scolaire, j'ai parlé de violence, des abus que vivent les enfants. Un nombre croissant d'enseignants sont sensibilisés à cette réalité vécue par certains élèves de leurs classes. Plusieurs d'entre eux dépistent plus facilement les jeunes qui vivent des difficultés dans leur milieu familial, et cette écoute des enfants m'apparaît fort importante. Lors d'une réunion, une enseignante me confiait qu'un de ses élèves de 9 ans lui avait transmis des messages disant qu'il voulait se suicider. Elle m'avouait ne pas l'avoir écouté, croyant qu'il voulait simplement attirer l'attention. En fait, insensible à la douleur de cet enfant, elle avait passé outre son désarroi. Par son incompréhension, un adulte peut malheureusement contribuer à la violence vécue par un jeune. Lorsqu'il insiste pour qu'un enfant affamé, déprimé ou battu soit attentif à son cours de mathématiques, l'enseignant devient un autre bourreau aux yeux de l'élève. Lorsque nous œuvrons auprès des jeunes, posons-nous la question suivante: «Qu'est-ce que je représente pour ces enfants, pour cet enfant en particulier?»

Un système scolaire qui vise la conformité

Nombre d'enseignants sont conscients du rôle essentiel qu'ils jouent auprès des jeunes d'aujourd'hui et de la société de demain? Mais jusqu'à quel point peuvent-ils se sentir valorisés par leur travail lorsqu'on ne cesse de sabrer dans les budgets, le matériel, le personnel, les services à l'élève? Il est impensable de croire que nos enfants apprendront et grandiront en côtoyant des enseignants soumis à des normes rigides et écrasantes qui les empêchent d'être à l'écoute de l'enfant et d'eux-mêmes!

Tous les enseignants travaillent dans un cadre, dans une école régie par des normes administratives et des exigences gouvernementales. Pour la majorité d'entre eux, le grand nombre d'élèves par classe, qui changent constamment de locaux, les périodes de cours minutées, les exigences de production, d'évaluation, les nouveaux programmes, représentent des réalités quotidiennes avec lesquelles ils doivent composer.

Souvent, en étant sensible à la souffrance d'un enfant, à ses difficultés d'apprentissage, l'enseignant se heurte aux normes qui réglementent sa conduite. Dans un système scolaire où les jeunes sont ballottés d'une classe à une autre, peut-on créer des liens véritables? Comment un enseignant peut-il accorder toute l'attention nécessaire à deux, trois de ses élèves qui nécessitent une aide plus soutenue? Doit-il le faire au détriment des autres ou envoyer l'enfant chez la psycho-éducatrice ou la psychologue, disponibles une journée par semaine? Doit-il passer outre ce qu'il ressent et suivre un programme qui va à l'encontre de ce qu'il sait être la véritable éducation? Vaut-il mieux ignorer les demandes d'aide d'un enfant plutôt que de sentir qu'on ne peut y répondre?

Ces questions et bien d'autres habitent le personnel du réseau scolaire. Les enseignants qui y sont sensibles sont déchirés. Le taux d'épuisement professionnel est impressionnant chez cette catégorie de travailleurs. Et les solutions ne se trouvent pas qu'à l'intérieur du réseau scolaire. Nous avons déjà déployé de nombreux efforts pour tenter d'améliorer l'école aux fins de la rendre plus humaine. Nous avons déjà changé plusieurs règles et repensons sans cesse les moyens pédagogiques. Dans certaines écoles, nous avons modifié les heures de cours pour accueillir des jeunes prostitués. Nous avons, à l'occasion, diminué le nombre d'élèves par classe pour faire plus de place à chacun. Nous avons repensé programmes et méthodes pour adapter les contenus aux nouvelles réalités. Nous nous sommes déjà efforcés de réorganiser les structures, d'ajouter çà et là une ressource supplémentaire, un projet temporaire tantôt destiné à un groupe d'élèves, tantôt à un autre. Nous avons ainsi vécu des révolutions pédagogiques axées sur l'amélioration des moyens de transmettre les connaissances. Et encore aujourd'hui, le réseau scolaire est en redéfinition, comme en témoignent les projets pour combattre le taux de décrochage chez nos jeunes, pour améliorer les performances des élèves aux examens du ministère, pour répondre à la nouvelle réalité d'un nombre croissant de jeunes qui combinent étude et travail.

Il nous faut maintenant aller au-delà de ces changements pour cibler les véritables enjeux. Comme parents, comme enseignants, comme administrateurs, comme société, nous devons repenser non seulement nos exigences en ce qui concerne les enseignants qui œuvrent auprès de nos enfants et les normes administratives qui encadrent leurs pratiques, mais également revoir le type d'éducation que nous souhaitons pour eux! Pour sa part, Alice Miller pose un jugement très sévère sur l'éducation et situe la nécessaire remise en question du système scolaire:

> Contrairement à l'opinion généralement répandue, et quitte à horrifier les pédagogues, je ne vois pas quelle signification positive on pourrait trouver au terme «éducation». Je n'y vois qu'une défense des adultes, une manipulation pour échapper à leur propre insécurité et à leur propre absence de liberté, que je peux certes comprendre mais dont je ne dois pas ignorer les dangers. [...] Mais le renoncement honnête à toute manipulation et à la représentation de ces objectifs ne signifie pas que l'on abandonne l'enfant à lui-même. Car l'enfant a besoin d'être accompagné physiquement et moralement par un adulte, il en a besoin à un très haut degré[6].

Vouloir redonner une place aux enfants dans nos écoles implique non seulement une revalorisation de l'éducation, mais aussi une redéfinition du mot éduquer. L'éducation est un long processus par lequel on stimule un enfant dans la découverte de sa vérité, pour l'aider à se développer et à aller au bout de lui-même. Éduquer, c'est permettre à un enfant d'obéir à son autorité intérieure. Malheureusement, ce qui est généralement exigé, c'est, au contraire, l'obéissance à une autorité extérieure, à une norme. L'éducation ne se mesure pas en notes de passage, en examens objectifs ou en diplômes. Il nous faut voir au-delà des diplômes pour concevoir l'éducation comme un processus d'apprentissage global qui enrichit l'humain dans sa quête de lui-même.

Je me rappelle une jeune fille qui s'est présentée devant moi au tribunal. Elle était issue d'un milieu assez pauvre: tous les membres de sa famille avaient quitté l'école avant 16 ans. Même si elle était encore d'âge scolaire, on me demanda de cautionner son entrée dans le monde du travail en dépit de la *Loi sur l'instruction publique*. Comme si la loi ne s'appliquait pas aux familles pauvres, aux jeunes financièrement démunis! Est-il acceptable que nous, en situation d'autorité, disions à une enfant: «J'accepte que tu arrêtes d'aller à l'école! Je constate que tu ne peux y réussir et donc que tu ne saurais apprendre»? Cette demande de l'enfant était soutenue par des parents, des enseignants, des travailleurs sociaux. Tous me demandaient de dire à cette jeune fille qu'elle avait atteint les limites de sa capacité d'apprendre. Est-ce le message que nous, adultes, responsables, voulons vraiment transmettre à nos enfants? Est-ce l'importance que nous accordons à l'éducation?

Des enfants programmés: une perte pour la collectivité

Au fil des années, l'éducation est trop souvent devenue synonyme d'instruction. Les experts ont misé sur l'apprentissage de la matière plutôt que sur la personne, avec tout son potentiel et sa richesse. Nous avons perdu la clé du processus éducatif: la relation vraie entre deux personnes, un formateur et un étudiant. L'école, qui pourrait être un lieu privilégié de développement, devient trop souvent un lieu où les enfants sont disciplinés, encadrés, brisés par la violence d'un mécanisme d'uniformisation.

Au terme de ce processus qui étiquette les enfants, sélectionne les bons et rejette les autres, qui voudrait de ces objets brisés? Les gens conformes et soumis ne sont pas plus aimés! Ce sont de beaux objets qui pourront être utilisés par des grandes entreprises, avec des objectifs précis et encore des règlements pour les encadrer. Pour beaucoup, ils sont disciplinés, peu vivants, surtout peu créateurs ou innovateurs.

Ceux qui auront décroché, risquent d'être orientés vers une voie d'évitement qui confirmera leur inutilité sociale.

Tous ces jeunes constituent une perte pour la société d'aujourd'hui, un lourd fardeau pour l'humanité de demain. Si nous croyons véritablement que la richesse d'un pays vient de citoyens qui ont gardé leur pleine capacité d'être et leur âme, des choix s'imposent! Dans l'école comme dans la famille, il nous faut modifier nos attitudes et valeurs pour que l'enfant puisse non seulement préserver ce qu'il est, mais se développer au maximum.

La revalorisation du processus scolaire s'avère une avenue de choix pour redonner du sens à l'éducation et permettre aux enseignants d'être plus humains. Comment instaurer un système qui leur permettra d'établir une vraie communication avec leurs élèves? Que voulons-nous donner à nos enfants en les éduquant? Croyons-nous encore à la valeur de l'éducation pour soutenir un enfant dans sa découverte de lui-même? Croyons-nous encore à la liberté, au bonheur, à la vie? Notre devoir n'est-il pas de retrouver une vision d'espoir que nous pourrons alors transmettre à nos jeunes par une école où sera préservé leur désir d'apprendre?

Chapitre III

La rééducation: une violence institutionnalisée

> *Chaque fois qu'un membre du groupe se spécialise, il peut alors facilement transmettre sa responsabilité morale à un autre membre du groupe. En agissant ainsi, non seulement il met sa conscience de côté, mais la conscience collective du groupe devient fragmentée et diluée au point d'être inexistante.*
>
> SCOTT PECK[1]

Pour grandir, un enfant a besoin d'un regard amoureux, celui des parents, puis au fil de son développement, ceux d'autres adultes significatifs, les enseignants par exemple. Lorsque des parents sont incapables d'assurer la sécurité ou le développement de leurs enfants, l'État intervient afin de protéger ces derniers. Il en est ainsi, entre autres, lorsque des enfants vivent de la violence, sont victimes d'agressions sexuelles, de négligence grave, de rejet ou d'abandon. Dans certaines familles, les enfants subissent une violence plus diffuse, plus subtile, à laquelle ils réagissent très souvent en développant des problèmes de comportement. De telles situations amènent l'État à intervenir dans la vie de ces enfants. L'État agit également lorsque des jeunes commettent des délits. Quand le système de protection de la jeunesse intervient dans une famille pour protéger les enfants, des adultes extérieurs au réseau familial aident alors les parents à assumer le développement de leurs petits; ils prennent ainsi certaines responsabilités normalement dévolues aux parents.

Dans le cadre de l'application de la *Loi sur la protection de la jeunesse*, les juges de la Chambre de la jeunesse, les avocats, les intervenants sociaux, les éducateurs de centres de réadaptation, les familles d'accueil et autres ressources, les parents et les enfants, se doivent de travailler ensemble. Tous visent à mettre fin le plus rapidement possible à la situation qui compromet le développement ou la sécurité d'un enfant afin de lui permettre d'évoluer à nouveau dans son milieu naturel lorsque cela est possible, ou dans un autre milieu de vie plus sain. Ainsi au tribunal, je rencontre des enfants qui reprennent goût à la vie, qui s'épanouissent grâce à l'intervention d'un personnel dévoué et à l'énergie qu'ils peuvent encore déployer avec leurs parents. Pour ces jeunes, l'État a rempli sa mission: mettre un terme à la situation qui entravait leur sécurité et leur développement, et ainsi leur permettre de poursuivre leur cheminement.

Cependant, je me heurte souvent à une réalité troublante: plusieurs enfants que nous tentons d'aider ne sont pas protégés, bien au contraire! Au lieu de progresser avec notre aide, certains se détériorent. La colère les envahit alors que leurs besoins demeurent insatisfaits. Plusieurs d'entre eux poursuivent une route qui les mènent vers la délinquance, vers l'évasion ou l'autodestruction.

Ces jeunes m'interpellent… ils me font mettre en doute notre intervention qui, parfois, perpétue la violence qu'ils ont subie plutôt que d'y mettre fin. Avec toute l'honnêteté dont nous sommes capables, il nous faut évaluer l'efficacité de nos actions et apprendre de nos succès et de nos échecs pour mieux protéger ces enfants dont nous sommes responsables.

Rééduquer à l'obéissance, peu importe le prix...

Pour de nombreux jeunes, l'éducation amorcée dans la famille et poursuivie à l'école a pavé la route vers l'exclusion sociale. L'enfant qui se heurte à des disciplines et à des normes parfois appliquées sans sensibilité à son égard se détruit plutôt que de s'épanouir. L'enfant qui est d'abord perçu dans sa famille comme non conforme aux attentes des parents et par la suite étiqueté «décrocheur» par le système scolaire, abdique tout simplement. Il manifeste sa colère par des gestes non appropriés ou délinquants et se dirige en droite ligne vers la marginalisation.

Face à ces jeunes, la famille et parfois l'école réclament de l'aide. L'État répond à cette demande en assurant une intervention de protection, de rééducation, de réintégration. C'est ce que j'appelle la «voie royale» qui, trop souvent, conduit l'enfant victime vers l'exclusion, ou ce qu'on appelle la «voie de service»; afin de remettre le jeune dans le bon chemin, la société réagit en réclamant des punitions sévères. Bâtir une intervention en affirmant la nécessité de rééduquer un enfant, c'est par le fait même confirmer aux parents et à l'environnement que le problème *est* l'enfant.

Malheureusement, trop de situations présentent un scénario similaire: une famille vit un problème auquel l'enfant réagit par un comportement non adapté; alors, on appelle à l'aide, mais aucune réponse ne vient; l'enfant se détériore; l'État attend une crise, et lorsque celle-ci survient, il y répond d'une façon draconienne par le placement de l'enfant. Dans son témoignage à la cour, un travailleur social racontait avec beaucoup de tristesse et de colère les tentatives répétées de Sylvie pour recevoir de l'aide, mais en vain. Alors, elle s'est mise à commettre des délits, à fuguer. Impuissants, les parents ont également fait de nombreuses demandes d'aide au fil des années. Cependant, aucune intervention ne fut entreprise, la situation n'étant pas jugée assez grave. Lorsque Sylvie s'est mise à se droguer, à se prostituer, c'est devenu «assez» grave! Il fallait intervenir vite, mais il était déjà tard! Et cet intervenant d'affirmer: «Nous savions que Sylvie allait se rendre jusqu'à la prostitution si elle n'était pas aidée, mais nous avons attendu qu'elle le fasse pour agir et pour la punir! Nous sommes des criminels!» Dans une telle situation, qu'avons-nous offert à Sylvie?

Pour ces interventions d'urgence qui amènent tant de placements, les familles d'accueil ne sont généralement pas des ressources appropriées pour recevoir des adolescents. Dès lors, le centre de réadaptation devient l'endroit désigné pour héberger ces jeunes. Nous y plaçons donc les enfants, dans l'espoir que les experts parviendront à les remettre en bon état dans leur famille au bout d'un certain temps! Dans ces interventions de crise, trop d'enfants sont traités par le système en fonction de leurs troubles de comportement sans préoccupation véritable des raisons profondes de leur désarroi. S'il peut sembler plus facile de contrôler leurs symptômes, ce n'est certes pas plus efficace! Comment peut-on prétendre aider ces jeunes en connaissant si peu de leur souffrance? Comment peut-on intervenir efficacement lorsqu'on ne prend pas le temps de connaître le milieu duquel ils sont issus?

Il faut cependant mentionner que les pratiques à cet égard ont changé, spécialement au cours de la dernière décennie. Ainsi, lorsque j'ai commencé à travailler comme avocate pour enfants il y a une vingtaine d'années, aucun travail de rééducation n'était possible avec un jeune en deçà d'un séjour minimal de trois ans en centre d'accueil, du moins le prétendait-on. Travailler avec la famille était impensable parce qu'elle était perçue comme une entrave au processus thérapeutique. L'enfant était donc pris en charge pour trois ans par l'institution. Il était remodelé et retourné dans son milieu familial où… ça cassait de nouveau!

Aujourd'hui, c'est fort différent. Nous savons qu'en plaçant un enfant plusieurs mois dans une institution, il retournera dans sa famille en s'y sentant étranger. De plus en plus, nous tentons d'éviter de placer les jeunes et les laissons le moins longtemps possible à l'extérieur de leur milieu familial. Nous préférons maintenant les séjours de six mois à un an en centre de réadaptation et les thérapies brèves. De même, nous concentrons nos efforts pour effectuer un travail plus intensif avec la famille afin d'éviter de creuser un fossé entre elle et l'enfant. Nous élaborons également de nouvelles façons d'agir en situation de crise afin d'éviter dans toute la mesure du possible des placements. Ces nouvelles règles du jeu ont-elles réellement modifié le sens de notre intervention auprès des jeunes? Avons-nous adapté la norme à l'enfant ou s'agit-il encore d'adapter l'enfant à la norme?

Car notre intervention de rééducation dans ces institutions se concrétise dans un programme, un code de vie et des règlements à suivre. L'enfant doit y adhérer, respecter les normes; lorsqu'il y réussit bien, il est «rééduqué». Mais qu'advient-il d'un enfant incapable ou rébarbatif à suivre le programme établi par l'établissement? Qu'advient-il de l'enfant qui manifeste son malaise dans ce contexte d'encadrement? Il est aussitôt perçu comme résistant à l'intervention, comme un enfant rebelle. Il défie l'autorité, ce qui est inacceptable; il faut alors le briser! Je me souviens d'un jeune résidant en centre de réadaptation qui s'est présenté un jour devant moi, au tribunal. Ce jeune fuguait régulièrement du centre pour aller flâner quelques heures un peu partout. Il défiait souvent les éducateurs, passait outre telle règle ou telle consigne. En attendant de prendre une décision finale le concernant, je lui ai permis d'aller vivre chez lui pendant deux mois. Au terme de cette période, je lui demandai comment s'était déroulé son séjour à la maison. «J'ai fait ce que je faisais en centre d'accueil, répondit-il, mais chez nous, ce ne sont pas des délits! Je peux sortir après le souper et ma mère ne dit pas que c'est un délit! Dans mes deux mois, j'ai agi comme tout le monde! Mais en centre d'accueil, c'est impossible d'être quelqu'un d'ordinaire… tous nos gestes y sont considérés comme des délits!»

Lorsqu'un adolescent résiste à une intervention de rééducation, s'il persiste à vouloir «faire des délits»… l'institution l'encadre davantage, lui demande de suivre plus de règles particulières. L'enfant se rebiffe, réagit à ces nouveaux règlements, et on lui crée alors un programme spécial d'encadrement pour parvenir à le casser. C'est un engrenage, une lutte de pouvoir entre l'enfant et les éducateurs. Le jeune réagit à l'intervention du centre qui vise à le casser pour le faire entrer dans le moule, comme les autres. Il résiste, et sa réaction entraîne de nouvelles sanctions plus sévères de la part de l'établissement, sanctions auxquelles il réagit encore plus. Et la roue continue… jusqu'où? Où est la limite de cette intervention? Y a-t-il une fin?

Nos attitudes sont-elles vraiment justes face à ces jeunes? L'exemple suivant illustre à quel point notre perception des jeunes en difficulté influe sur notre comportement envers eux. Deux garçons sortent quelques instants du centre d'accueil pour prendre une marche, mais s'aventurent un peu trop loin. Fatigués, ils voient deux bicyclettes près d'une maison, les enfourchent et reviennent au centre où ils laissent les vélos et racontent l'événement à leurs éducateurs. Immédiatement, on avise les policiers, qui se rendent sur les lieux, et c'est l'accusation de vol. Que ferait un bon parent dans de telles circonstances? Appellerait-il les policiers pour porter plainte et traduire son fils devant les tribunaux? Mais non! On discute avec ses enfants, on ramène les bicyclettes, on va voir les propriétaires, on fait des excuses, et on tire une leçon de l'expérience. Pourquoi agissons-nous différemment avec ces enfants qui vivent en centre de réadaptation? Serait-ce parce que ce sont les enfants des autres? Parce qu'on ne croit plus en eux? en leur capacité d'apprendre, d'évoluer?

Des exemples semblables, il y en a à l'infini. Lorsque nos adolescents nous disent qu'ils vont au cinéma mais qu'en cours de route, ils rencontrent des amis et décident plutôt d'aller prendre un café, portons-nous plainte à la police pour fugue? Les amenons-nous à la cour pour évasion? Et pourtant, j'entends régulièrement des causes de ce genre-là lorsqu'il s'agit d'«enfants du système»! À son retour au centre, cet adolescent qui a pris un café avec des amis au lieu d'aller au cinéma et les deux enfants qui ont volé les bicyclettes ont passé deux jours dans une cellule d'isolement en attendant de comparaître au tribunal! Je ne comprends pas. Pourquoi ces jeunes enfants doivent-ils être punis par l'isolement et être traduits devant la cour pour le même geste? Est-ce le traitement particulier réservé aux jeunes qui séjournent en centre de réadaptation? Que peut apprendre un jeune dans un tel contexte?

Dans ce système de rééducation, l'autorité de l'institution est décuplée par la vulnérabilité de l'enfant qui dépend de cette intervention. Cette dynamique face au pouvoir peut mener à l'utilisation de moyens de plus en plus coercitifs pour contrôler le jeune. Dans cette escalade, l'enfant se retrouve à nouveau victime d'abus, cette fois-ci de la part de l'institution. Des experts viennent convaincre le tribunal qu'il faut «travailler» la colère de ce jeune qui réside depuis cinq ans en centre d'accueil. Pourquoi est-il en colère? Il souffre de l'injustice qu'il ressent en étant placé en centre alors que sa mère alcoolique ne peut assumer ses responsabilités! Il croit qu'on devrait rééduquer sa mère et non pas lui! Pourquoi le maintenons-nous en centre de réadaptation? Parce que nous n'avons pas d'autres ressources à lui offrir! Et l'enfant vit avec cette injustice, avec son désir de sortir du centre, et n'a d'autres troubles de comportement que la colère qu'il exprime. Pourtant, il sera gardé en institution pour travailler sa colère d'être ainsi privé de sa liberté! Protégeons-nous cet enfant ou le détruisons-nous?

Une recherche récente sur les enfants errants[2] illustre très bien le cercle vicieux de cette escalade de pouvoir entre un jeune et l'institution. Les informations recueillies ont permis de mettre en lumière cette dynamique: plus les jeunes fuguent, plus ils sont «récupérés» par le système et plus ils vont fuguer et commettre des délits. Dans quelle mesure mettons-nous tout en œuvre pour comprendre en profondeur ces enfants, les réels motifs de leurs fugues, leur vécu, leur fuite, ce qu'ils expriment, plutôt que tenter à tout prix de les contrôler? Ils se retrouvent ainsi dans des unités sécuritaires, et s'ils fuguent encore, c'est l'isolement.

Combien de temps peut-on maintenir un jeune isolé dans une cellule? Une heure, cinq heures, quinze heures... vingt-trois heures par jour? Pendant combien de jours? Un jour, dix jours, trente jours? Et je parle ici de ce que j'ai entendu récemment à la Chambre de la jeunesse, et de ce que j'y entends encore. Des enfants placés en isolement, non pas pour quelques heures, mais pendant des jours et des jours! Comment se sent-on à 15 ans lorsqu'on est confiné à une cellule d'isolement durant plusieurs journées? Est-ce ainsi que nous croyons assurer le développement de nos enfants? Nous nourrissons, entretenons leur colère d'être privés de liberté! Et lorsque ces jeunes osent la manifester, l'exprimer, alors nous les punissons davantage, plus longtemps, en les confinant à des milieux encore plus sécuritaires!

C'est dans cette guerre de pouvoir entre le jeune et l'autorité qu'il faut trouver la source de l'abus institutionnel. Se construisent à la fois la colère de l'enfant et la conviction des intervenants qu'il faut le casser à tout prix pour le rééduquer. Dans cette lutte à finir, nous irons dans certains cas jusqu'à mépriser le jeune, jusqu'à l'écraser et le piétiner pour qu'il entre dans la norme. Et quand des jeunes sont placés pendant quatre, cinq, six, sept ans, quelles chances ont-ils de vraiment s'en sortir?

Désinstitutionnaliser ces enfants après toutes ces années de placement devient pratiquement impossible. Cependant, ces échecs sont passés sous silence. Les enfants sont étiquetés, stigmatisés. Ils ont vécu dans le système si longtemps qu'ils y sont reconnus! Ils reviennent au tribunal quatre, huit, douze fois!

Et que dire de certaines familles? Non seulement un enfant, mais ses quatre frères et sœurs, tous en centre de réadaptation! Serait-ce impensable d'engager un intervenant pour travailler intensivement dans cette famille? Combien coûte cinq enfants en centre d'accueil? Environ 400 000 $ par année! Aujourd'hui, leurs parents sont devant moi; leurs enfants y seront demain. Trois générations se succèdent à la cour. «Ah! c'est la célèbre famille de...», «Ah! moi j'ai eu son père», «Ah! moi je m'occupe de son frère», «Même la grand-mère était comme ça!». D'ores et déjà ils sont étiquetés avant même d'être entendus! Alors que toute la force institutionnelle est déployée pour les contrôler et les briser, les enfants, eux, continuent de souffrir, d'être violentés, de vivre sans protection!

D'où vient notre incapacité d'inventer des ressources qui soient plus près des besoins des jeunes? Maintes études nous indiquent de nouvelles pistes d'intervention; de multiples projets sont en place; de nouvelles façons d'aider les enfants nous donnent déjà des résultats intéressants. Malgré ces possibilités, nous continuons d'offrir à nos adolescents de demeurer jusqu'à leur majorité en centre de réadaptation. Quelle valeur alors accordons-nous au mot liberté? Que signifie donc les décisions de la Cour suprême sur la privation de liberté? Quelle importance donnons-nous à l'expérience de ces jeunes de 13 ou 14 ans, déjà victimes de mauvais traitements dans leur famille, qui se retrouvent en institution, privés de liberté jusqu'à 18 ans!

Une voie royale... vers la colère

J'ai évoqué la situation de jeunes qui, au fil de leur développement, ont dérapé vers le décrochage généralisé; ils ont décroché non seulement de l'école, mais aussi de la société, et parfois même de la vie. À tous ces enfants qui ont emprunté la «voie royale», s'ajoutent ceux qui n'ont pas encore décroché, mais qui se faufilent dans le système de protection dès leurs premiers pas dans la vie.

Claude, âgé de 5 ans, est maintenu dans l'attente illusoire de retourner vivre avec sa mère toxicomane... Yves, qui n'a que 2 ans, a été abandonné chez une voisine... À 4 ans, Nancy a déjà été agressée sexuellement et battue... Ces enfants n'ont pas décroché; ils ont eu besoin d'être protégés, car leurs parents étaient inadéquats. Malgré leur jeune âge, la plupart d'entre eux chuchotaient déjà leur malaise à travers leurs gestes. Nancy refusait de manger, de grandir; Yves se cantonnait dans une immobilité muette; Claude avait fugué et commettait de petits larcins. Si le système de protection ne parvient pas à satisfaire leurs besoins, vers 10 ou 11 ans, ces enfants commenceront à exprimer la colère accumulée face à ce qu'ils ont subi depuis leur tendre enfance. Alors beaucoup d'entre eux iront rejoindre les enfants de la «voie royale» et grossir les rangs des jeunes en rééducation. Bien sûr, les besoins de ces enfants prennent différentes formes. Les uns doivent apprendre à maîtriser leur colère et à l'exprimer d'une façon socialement acceptable plutôt que de battre leur voisin ou de faire du vandalisme; les autres doivent apprendre à contrôler leur insécurité et reconstruire leur estime de soi plutôt que de se détruire et fuir dans la drogue ou l'alcool.

Le lien entre tous ces jeunes? Leurs besoins d'enfants n'ont pas été satisfaits. À une étape ou une autre de leur développement, ces petits n'ont pu être réconfortés par le regard d'amour qui leur était vital pour croître. Ils ont grandi dans l'insécurité, le manque d'attention et d'amour; ils ont grandi dans la colère de ne pas avoir été compris! Tous ces jeunes sont en colère! La colère douloureuse d'avoir été trahis, d'avoir été agressés, bernés, blessés, niés, humiliés, rejetés, abandonnés. Ils sont en colère et nous l'expriment de différentes façons:

- Des enfants de la rue, qui se cramponnent à l'espoir d'une famille inaccessible!
- Des enfants qui se vendent, tels des objets utilisés!
- Des adolescents qui se droguent à la recherche d'émotions qu'ils ont appris à nier!
- Des adolescents qui se suicident, incapables de tolérer notre indifférence!
- Des jeunes qui commettent des délits, dirigeant contre les autres une fureur de vivre qui ne trouve d'autres lieux pour exister!

Ces enfants fuguent, se révoltent, se suicident pour nous forcer à les écouter! Ils crient, nous volent, nous tuent, pour nous hurler leur douleur de ne pas être aimés, pour nous convaincre qu'ils ont le droit d'exister! Tous ces enfants nous disent que leur vie n'est pas ce qu'ils souhaitent, que notre société est invivable pour eux! Mais les écoutons-nous? Voulons-nous entendre leurs messages?

À tous ces jeunes, que répondons-nous? Disons-nous: «Tu peux avoir raison? C'est possible que tu ne puisses pas apprendre dans cette école-là, alors nous en inventerons une nouvelle!»? Disons-nous: «Tu as raison d'avoir mal, c'est vrai que tu as été traité comme un objet. Maintenant nous allons trouver ensemble des solutions pour que tu sois bien!»? Ou encore: «Tu as raison d'être fâché d'avoir été battu, de te sentir trahi d'avoir été agressé. Je suis en colère avec toi et nous allons trouver des moyens pour que tu n'aies plus à vivre cela!»?

Que répondons-nous à ces enfants, reflets des échecs que trop souvent nous voulons cacher? Miroirs des limites que nous voulons nier et des peurs que nous voulons taire? En écho à la réponse des parents, au verdict des enseignants, le système de protection décrète: «Tu as des troubles de comportement!» À l'unisson, nous répondons à l'enfant: «Tu *es* le problème!» À ces enfants violentés, nous répondons trop souvent par une attitude contrôlante, voire violente.

Au moment où j'ai été nommée juge, je voyais des enfants placés en centre de réadaptation pour un an, deux ans, ou plus. Au dossier, une étiquette: troubles de comportement. Prostitution, drogue, fugues, agressivité étaient les troubles de comportement communs. Souvent, aucune autre information n'était ajoutée au dossier. Aucun élément ne me permettait de réellement connaître Jeanne, 14 ans, qui fuguait par rapport à Jacques, 14 ans, qui fuguait lui aussi!

En allant plus en profondeur pour mieux connaître ces enfants, j'entendais des témoignages. Une mère me disait: «Vous savez, c'était une enfant de rêve jusqu'à l'âge de 11 ans! Elle était première de classe! Et, *tout d'un coup*, elle a changé! Tout d'un coup, elle est devenue agressive et a commencé à fuguer. Tout d'un coup, je ne la reconnaissais plus, elle sortait la nuit!» À l'enfant, je demandais: «Que s'est-il passé dans votre vie? Prenez le risque de dire ce qui vous est arrivé.» Et dans la plupart des cas, le «tout d'un coup» prenait forme, signifiait quelque chose de précis... Une brisure, un abandon, une agression, un nouveau conjoint dans la famille... Le «tout d'un coup» devenait un ou des événements qui avaient chamboulé l'univers de l'enfant.

Or semblables questions n'avaient pas encore franchi le mur du «tout d'un coup»! Tout d'un coup, Jeanne, Jacques, Éric avaient eu des troubles de comportement... Tout d'un coup, Jeanne avait été agressée sexuellement par son grand-père, Jacques avait été battu par l'amie de son père, Éric avait été abandonné par sa mère... Au-delà des multiples fugues de ces adolescents, personne ne s'était enquis d'eux! Pourtant, ces jeunes ont désespérément tenté de communiquer avec nous. Mais en voulant modifier les comportements par lesquels ils manifestaient leur douleur et leur colère, nous leur avons nié le droit de l'exprimer! Car nous trouvons fréquemment inacceptable leur façon de communiquer. Nous voulons que nos enfants sachent parler comme nous, adultes, avec des beaux mots et non des gestes, trop souvent avec des mensonges et non des vérités. Pour faire taire leurs voix, nous devons contrôler leurs symptômes qui nous dérangent tant. Nous allons leur répéter les règles sociales et tenter de les leur faire intégrer, car ré-éduquer un enfant sous-entend qu'il n'a pas été bien «éduqué».

Telle est notre intervention pour un grand nombre d'enfants depuis de nombreuses années. Il est même possible de déceler des symptômes à la mode! Une année on s'est attardé aux agressions sexuelles; une autre, à la prostitution; puis ce fut le tour des décrocheurs; maintenant, ce sont les enfants errants. Mais derrière nos projets spéciaux, nos budgets ponctuels annoncés avec fierté, nous transmettons le même message à nos jeunes: «Nous refusons d'entendre ce que vous voulez nous dire!» Nous voulons enrayer la consommation de drogues, abolir la prostitution, récupérer les décrocheurs et rééduquer les contrevenants. En voulant que nos enfants apprennent à agir correctement, à se conformer, à ne pas hurler lorsqu'ils sont battus, à ne pas fuguer lorsqu'ils sont agressés, à ne pas se détruire lorsqu'ils sont utilisés, nous cherchons à leur imposer le silence. Et cette absence d'écoute est violence!

Et si notre message envers les enfants devenait tout autre? Pour soulager la souffrance des enfants toxicomanes, chercherions-nous des coupables ou irions-nous trouver où se loge leur souffrance? Pour protéger une jeune victime d'inceste, la priverions-nous de liberté pendant huit ans? Si notre but était d'assurer la sécurité et le développement des enfants, serait-il pensable d'intervenir sans prendre le temps de connaître chacun d'eux et de les écouter?

Je me souviens de Charles... Jamais je ne l'oublierai. Charles s'est présenté devant moi à la cour et je lui ai demandé quel âge il avait. «Quatorze ans», m'a-t-il répondu. «Il doit y avoir une erreur, Charles, car je lis dans votre dossier que vous avez 13 ans.» «Oh vous savez Madame la Juge, je ne le sais pas vraiment! Ça fait si longtemps que je suis en centre d'accueil! Alors, peut-être que c'est vrai que j'ai seulement 13 ans...» Charles ne savait pas son âge! Il vivait en centre depuis qu'il avait 5 ans, abandonné par ses parents. Il avait commencé à fuguer, alors on m'a demandé de l'envoyer dans une unité sécuritaire. Il venait d'y séjourner pendant 30 jours et il était brisé... Des experts satisfaits m'expliquèrent que Charles était assez déprimé et qu'il commencerait bientôt à comprendre! De tels propos me blessent profondément. Charles a passé sa vie en centre d'accueil, il ne sait même plus son âge! Aucun motif valable ne peut justifier qu'il soit placé, placé et encore placé! Et pourtant, il m'est demandé de le laisser dans un milieu sécuritaire pour qu'il déprime afin qu'il soit reconstruit! À l'image de qui Charles sera-t-il façonné? Avec quel modèle? À quel prix? Que représente tout ce qu'il est? tout ce qu'il a perdu? Quelle est la logique derrière une telle intervention dite de rééducation?

Un enfant comme Charles, après des années en centre d'accueil, peut-il encore croire en la vie? Est-ce possible qu'un miracle se produise le jour de ses 18 ans? Qu'il devienne subitement fort en franchissant le seuil de la liberté? Que signifie l'espoir quand, à 14 ans, on a déjà vécu dans sept familles d'accueil, passé quatre ans en centre de rééducation et qu'on a été abandonné par ses parents? Que peut être la vision de la vie lorsqu'on se fait dire que tout ce qui reste, c'est un centre d'accueil jusqu'à la majorité?

Ces enfants ne croient plus. Après avoir vécu tout ce temps dans notre système de protection, ils ne sont plus... Combien d'entre eux sont ainsi laissés au seuil de la majorité, sans espoir, sans vie...

Des intervenants spécialisés

Par cette réflexion critique sur la logique de notre intervention, je ne pose pas de jugement de valeur sur les travailleurs sociaux et les conseillers juridiques qui s'occupent des enfants. Les intervenants qui côtoient les enfants, les éducateurs qui vivent auprès d'eux quotidiennement, ne veulent habituellement pas les briser. Au contraire, la plupart veulent ardemment prodiguer les meilleurs traitements aux enfants. Ils cherchent à leur fournir l'environnement le plus confortable possible. Car, il est impossible de bien travailler auprès des jeunes et avec eux sans les aimer profondément. Je l'ai mentionné au chapitre précédent et je tiens ici à le répéter avec insistance.

Ce que j'ai mis en lumière jusqu'à maintenant, c'est la distance entre notre désir d'aider un enfant et nos actions concrètes envers lui. Bien sûr, personne ne veut empêcher un enfant de grandir, pas plus un parent, qu'un enseignant ou un travailleur social, mais dans les faits, lorsqu'un adulte n'a pas accès à ses émotions, à son monde intérieur, c'est ce qui se produit. Nous voulons tous qu'un enfant cesse de se droguer ou de se prostituer, cependant, lorsque nous ne cherchons pas à comprendre le sens de ses gestes, nous contribuons nous aussi à le briser!

Comme dans tous les milieux, il y a dans le réseau de la protection de la jeunesse des gens aimants et d'autres qui n'aiment plus ou qui n'ont jamais aimé. Certains intervenants œuvrant auprès des enfants leur manifestent un amour profond et sincère. D'autres, par ailleurs, sont aigris, désabusés; ils n'aiment plus leur travail. Sachant qu'on ne peut donner que ce que l'on a, il faut se demander ce que l'on a effectivement à donner! Et la réponse à cette question devient d'autant plus importante que les enfants pris en charge par le réseau de la protection de la jeunesse sont des jeunes en manque d'amour. Si, comme adultes, nous travaillons dans ce milieu pour résoudre nos problèmes, parce que nous sommes en colère, parce que nous ne saurions exercer un autre métier, alors qu'avons-nous à donner aux enfants? Qu'inspirons-nous aux jeunes lorsque nous sommes près d'eux? Comment pouvons-nous réellement les aider à grandir?

Deux exemples illustrent cette différence dans les attitudes entre un intervenant qui est à sa place auprès d'un enfant et un autre qui ne l'est pas. Je connais un officier de probation amoureux des enfants avec qui il travaille. Pour lui, demain ne pourra qu'être meilleur! Cela ne signifie pas que les jeunes dont il s'occupe ne puissent récidiver. Il s'agit plutôt de son attitude à l'égard de leurs actes. Il est là pour eux, quoi qu'il advienne, tel un roc, à la fois enveloppant et structurant. Dernièrement, il accompagnait un jeune qui comparaissait pour un nouveau délit alors qu'il avait déjà commis un vol à main armée. Serein, cet officier de probation m'a dit: «De tous les enfants que je connais, c'est ce jeune qui a fait le plus de progrès!» Bien sûr, l'adolescent venait de faire une erreur, mais l'intervenant m'en a expliqué les raisons. Il croit vraiment aux enfants, et je n'ai connu aucun jeune qui n'ait grandi avec lui!

Par ailleurs, j'ai rencontré une travailleuse sociale responsable de Lyne, une jeune fille qui désirait aller vivre en appartement supervisé. L'intervenante lui avait déclaré: «Tu pourras y aller si tu te trouves un emploi, j'en fais une condition.» Mais en 1993, exiger d'une adolescente qu'elle occupe un emploi avant d'aller en appartement supervisé, c'est cruel! La protection n'est pas une faveur accordée aux enfants abandonnés! Cette jeune fille, au seuil de sa majorité, avait survécu à de très pénibles épreuves, et ne manifestait aucun trouble de comportement. Elle fonctionnait bien et voulait poursuivre ses études. Posons-nous de telles conditions à nos propres enfants? «Tu peux manger si tu as un emploi!» J'ai été bouleversée par les propos de cette intervenante. Je connais des jeunes qui cherchent désespérément des emplois, mais en vain. Maintenir Lyne dans un centre de réadaptation alors qu'elle avait l'autonomie nécessaire pour vivre dans un appartement supervisé, c'était la priver de liberté, sans qu'elle ait besoin de traitement. Cela devenait de la détention illégale! Cette intervenante n'avait sûrement pas l'intention d'empêcher Lyne de s'épanouir. Cependant, par sa rigidité, son incompréhension des besoins légitimes de cette adolescente, par son incapacité de voir au-delà des apparences, elle finissait effectivement par la détruire! Elle appliquait des règles contraires à l'intérêt de cette adolescente, à l'encontre du bon sens. Qu'avait-elle à donner? De la haine, du rejet, de la colère, du mépris?

En fait, ce que l'on dit et ce que l'on fait importent peu en regard de l'essentiel: ce que l'on est! Et il nous faut répéter ce que nous avons tous déjà entendu tant de fois: il nous est impossible d'aimer des enfants si nous ne nous aimons pas nous-mêmes. Pour entrer en communication avec un jeune, il nous faut d'abord et avant tout être en contact avec nous-mêmes, avec l'enfant qui est en nous. Aimer l'enfant qui est en soi devient un prérequis pour aimer les enfants, soulager leur souffrance et les rendre plus vivants.

Un système compartimenté pour éviter d'aimer

En rééducation, le lien entre un enfant et un adulte est tout aussi important, sinon plus qu'ailleurs. En protection, ce lien aidera à pallier les carences, à cicatriser les blessures que l'enfant a subies dans sa vie. S'il faut insister sur l'importance de l'amour des intervenants pour les enfants dont ils sont responsables, on ne peut par ailleurs ignorer le système de protection à l'intérieur duquel ces personnes œuvrent. Ce système brise complètement l'humain!

Les données cliniques nous ont appris qu'on change pour quelqu'un, par quelqu'un, avec quelqu'un. Et pourtant, notre système de protection est administré précisément pour éviter la création de ce lien essentiel entre un enfant blessé et un adulte aimant! L'intervention est sectorisée, découpée en spécialités, et l'enfant est perçu par morceaux, à travers les yeux des divers spécialistes. D'un bout à l'autre de notre système, et malgré la loi, nos règles administratives censurent les possibilités d'attachement. Partout, notre système envoie un message uniforme: «Il ne faut pas s'attacher à un enfant.» En entrant dans le réseau, l'enfant est vu tour à tour par cinq ou six intervenants différents. Nous avons établi nos normes et nos programmes pour nous protéger et être efficaces.

Le système est ainsi fait: une personne reçoit le signalement, une autre évalue la situation de l'enfant et de sa famille, dans certains cas, une troisième propose des mesures, et s'il y a nécessité d'agir d'urgence, c'est fréquemment un intervenant qui prend la relève. Puis l'enfant est pris en charge par un autre intervenant social. S'il est hébergé en centre, il est fort possible que la prise en charge soit transférée à une personne qui y travaille. À sa sortie du centre, le dossier est de nouveau remis à une personne à l'extérieur. Pourquoi? Sur le plan administratif, en concertation avec les différentes directions de la Protection de la jeunesse, nous décidons entre nous que c'est plus rentable de travailler ainsi. Mais de quelle rentabilité parlons-nous? Pour qui est-ce rentable au juste? Sûrement pas pour les enfants! De cet enfant qui va d'un intervenant à un autre, qui s'est réellement senti responsable? Qui a eu le véritable souci de le protéger? Combien de ces jeunes nous parleront plus tard de leur difficulté à s'attacher, de leur instabilité dans les relations affectives, de leur manque de confiance envers les adultes?

À l'intérieur d'une famille, il n'est pas rare que plusieurs enfants aient des travailleurs sociaux différents. Dans une situation qui m'a été racontée, un juge s'est impatienté et a ordonné que soit nommé un superviseur pour tous les travailleurs sociaux concernés par une famille. Malgré la colère suscitée par cette décision, on a organisé une réunion. Une trentaine d'intervenants se sont retrouvés autour de la table, chacun ignorant ce que l'autre faisait avec les enfants de cette famille! «Moi, je m'occupe de Jean et de sa mère.» «Moi, je suis responsable de Paul.» «Et moi, de Sophie.» Toutes ces personnes qui passent ainsi dans la vie d'un enfant, dans la vie d'une famille, sans égard au lien, à l'attachement, à la continuité, c'est purement et simplement de l'abus institutionnel.

Dans les centres de réadaptation, on véhicule le même message: ne pas s'attacher à un enfant. Je me rappelle un jeune qui avait vécu en institution pendant quatre ans. Il avait été déplacé plusieurs fois d'une unité à l'autre à l'intérieur de l'établissement, déplacements justifiés par son âge. Lors d'une audition au tribunal, son avocat demanda à entendre la personne responsable de son client. Qui est la personne la plus importante pour lui? Avec qui a-t-il un lien privilégié? «Personne, lui a-t-on répondu, car la philosophie de notre établissement est le travail d'équipe. Personne en particulier n'est responsable, car nous le sommes tous!» Il lui sera plus tard expliqué que travailler en équipe évitait l'épuisement des éducateurs, face à ces enfants très demandants. Cela empêchait l'engagement, l'attachement à un enfant. Bien sûr, tous les établissements ne sont pas structurés de cette façon. De belles histoires d'amour entre enfants et adultes s'y vivent. L'enfant s'attache à un gardien, à son tuteur, à un éducateur d'une autre unité, à un travailleur social, à quelqu'un qui passe, et voilà de nouveau le miracle! Quand cette étincelle de vie, cet échange entre un enfant et un adulte est possible, l'espoir jaillit.

Les familles d'accueil reçoivent elles aussi la même directive: ne vous attachez pas à cet enfant, il peut partir n'importe quand! Comment est-ce possible? Je ne connais pas de familles d'accueil qui n'aient à cœur d'aider l'enfant qu'on leur confie. Elles veulent l'accueillir, l'aimer, le soutenir; elles sont remplies de bonnes intentions et de générosité. Pourtant, il n'est pas rare de voir des familles d'accueil remettre l'enfant, tel un objet, après l'avoir gardé pendant un an. La famille ne s'est pas attachée? Elle a respecté la consigne et peut ainsi ramener l'enfant qu'elle hébergeait aux intervenants sociaux, avec les trois sacs verts contenant ses effets personnels. Comment est-ce possible? Quelle information cette famille avait-elle eue en accueillant l'enfant? Lorsque la famille s'est sentie incertaine, qu'elle a éprouvé des difficultés à intégrer l'enfant, à le comprendre, quel soutien lui a-t-on apporté? Quand la famille s'est retrouvée épuisée, vidée, en pleurs de ne pouvoir garder cet enfant qu'elle aimait, quel répit lui a-t-on donné? À ces questions, à ces demandes d'aide et de support de la part des familles d'accueil, trop souvent nous répondons en déplaçant l'enfant. Rares sont les systèmes qui prévoient de l'appui, de l'information ou du répit pour les familles qu'ils utilisent. Les parents des familles d'accueil risqueraient de trop s'attacher, de trop aimer cet enfant qui en a tant besoin et, à la limite, lui éviterait un autre déplacement. Qui s'en préoccupe au juste? Comment passer sous silence ces placements et ces déplacements d'enfants qui ont pourtant tellement besoin d'amour et de stabilité? Comment ne pas mettre en doute ces interventions qui ont pour résultat de balayer l'attachement qu'un enfant a pu vivre avec une famille qui l'a accueilli?

Tout cela provoque des situations aberrantes. Je me souviens d'un enfant qui a vécu trente-deux placements! Comment peut-il encore dire: «Je m'appelle André, aime-moi!!!» Comment peut-il s'adapter à dix milieux de vie dans une seule année, trente dans six ans? Imaginez-vous ce que représente dix nouvelles façons de manger, de parler, dix lieux étrangers, dix routines de vie différentes! N'est-on pas heureux de retrouver son lit le soir, son oreiller, son odeur dans les draps? Ces enfants changent de lit, d'oreillers, de nourriture continuellement! Ne sommes-nous pas habitués à nos objets de toilette dans la salle de bain, à notre place à table, à notre fauteuil pour nous détendre, à notre petit coin à nous? Ces détails, d'apparence banale, sont pourtant si importants dans notre quotidien! Nous avons besoin de ces références pour retrouver un certain confort, un bien-être, une sécurité! Pourquoi serait-ce moins vital pour les enfants? Comment se sent-on à 5 ans lorsqu'on a été nourri de chips et de boissons gazeuses par une mère toxicomane et qu'on se retrouve dans une famille d'accueil qui donne du lait et affirme que ce qu'on a toujours bu n'est pas bon pour la santé? Pas de bonbon, plutôt une orange! Une orange, comme c'est acide dans la bouche quand on est habitué à des friandises! Ces petits riens, ces habitudes rendent notre vie confortable. Ils font qu'un enfant se sentira chez lui dans une famille alors qu'un autre s'y sentira étranger. Pourquoi ignorons-nous ces réalités lorsqu'il s'agit d'enfants? Comment pouvons-nous continuer à prétendre protéger des enfants lorsque nous leur offrons déplacements les uns après les autres?

Ces considérations nous portent à constater que l'insupportable de la situation de ces enfants se retrouve aussi dans la vie de leurs parents. Je connais des jeunes mères de 22 ou 23 ans qui ont plusieurs enfants; elles sont négligées, seules, toxicomanes et sans moyen de s'en sortir! Notre solution: placer leurs petits! Certaines de ces mères nous sont bien connues au tribunal. Elles étaient chez nous il y a quelques années déjà! Alors prises en charge par le système, nous les avons transférées d'un travailleur social à l'autre, placées et replacées. Peut-on se surprendre aujourd'hui qu'elles aient si peu d'estime de soi, si peu de fierté? Qu'elles doivent accepter que leurs enfants vivent ce qu'elles ont elles-mêmes vécu? Nous devrions travailler à construire, à préserver chez nos enfants leur capacité de se développer. Il est illusoire de croire que nous puissions le faire en les transférant d'un intervenant à un autre, alors que personne n'assume une réelle responsabilité envers eux. Qui donc se sent responsable de ces enfants qui souffrent?

Et ces situations, qui font partie du quotidien au tribunal, les intervenants sociaux eux-mêmes les dénoncent. Plusieurs clament que cette pratique est contraire à l'intérêt des enfants. Ils affirment qu'à notre tour, nous détruisons certains des enfants que nous disons pourtant vouloir aider. Ils nous répètent qu'en dépit de leur amour pour les jeunes dont ils s'occupent, ils ne parviennent pas à les protéger. Le système de protection interdit ce qui est essentiel à la vraie rééducation, à la vraie protection de l'enfant: la création d'un lien avec lui! À la cour, il faut voir ces travailleurs sociaux qui demandent au juge, et parfois même le supplient, d'ordonner qu'ils demeurent responsables d'un enfant. Ils voudraient bien poursuivre leur travail auprès de lui, mais le système ne le leur permet pas. Peut-être le juge pourrait-il l'ordonner? Et ces intervenants devant le tribunal, dans des groupes de travail, des colloques, nous diront et nous répéteront combien ils sont démotivés, dévalorisés et ne savent plus croire à leur rôle, pourtant essentiel.

Même avec une bonne loi, de bonnes intentions, des intervenants compétents, des enfants pleins de potentiel et des parents à aider, que faisons-nous concrètement pour ces enfants blessés, mal aimés ou perdus? Que faisons-nous aux enfants «pour leur bien»?

Des enfants en colère: une menace pour la société

Je dis souvent qu'il faut trouver où se loge la souffrance des enfants. Un enfant a besoin d'un adulte dévoué, efficace, qui l'aidera à aller au fond de lui-même et qui accueillera la douleur qu'il porte. Cela n'est possible qu'à travers l'établissement d'un lien significatif entre un enfant et un adulte. À la base de ce lien: l'écoute de la part de l'adulte. Je constate pourtant trop souvent que nous, intervenants, écoutons très peu les enfants dont nous avons la responsabilité. Pourquoi? Peut-être parce que, traditionnellement, nous n'écoutions pas nos enfants et, par le fait même, n'avons pas été écoutés. Auparavant, les enfants avaient peu droit de parole; ils étaient considérés les propriétés des parents. Aujourd'hui, malgré nos beaux discours, nos chartes et nos lois, nous agissons encore fréquemment comme si les enfants nous appartenaient, comme s'ils étaient des objets. En tant que personnes, ils sont bien peu rentables; ils ne produisent pas et ne votent pas. Ainsi nous, adultes, pensons, savons et décidons pour eux.

Il n'est pas toujours facile pour les adultes que nous sommes d'écouter les enfants, car l'image qu'ils nous renvoient est souvent difficile à supporter. L'enfant nous nargue par sa vivacité, par sa capacité de rêver, par son énergie. Il nous renvoit l'image de ce qu'on a été, de ce qu'on n'est plus, de ce qu'on aurait pu être, de ce qu'on est encore un peu au fond de soi-même mais que, malheureusement, on n'arrive plus à retrouver. Il nous renvoie l'image que nous marchons sur les genoux, que nous avons lâché, que nous ne savons plus qui nous sommes et ce en quoi nous croyons. Il nous provoque par ses questions: «Moi, je suis dans la drogue, mais toi, pourquoi bois-tu?» «Moi, je me prostitue, je me vends, mais n'est-ce pas ce que tu fais en travaillant pour de l'argent alors que tu ne crois plus en ce que tu accomplis?» «Moi, je tente de me suicider, et toi, n'es-tu pas suicidaire à ta façon?» «Moi, je décroche de l'école, mais toi, ne t'arrive-t-il pas de décrocher quand tout te lasse et que tu n'as plus d'énergie pour travailler!» J'ai entendu des jeunes déclarer au tribunal: «J'ai dit à ma mère que j'étais agressée sexuellement, mais elle m'a répondu: "Reste donc tranquille, moi aussi ça m'est arrivé! Arrête de faire du trouble avec ça!"»

La réalité de nos enfants qui ont besoin de protection peut s'avérer fort difficile à supporter pour les adultes que nous sommes. Des adultes meurtris par leur manque de contact avec eux-mêmes, par leur manque d'écoute, de chaleur, d'empathie dans leurs propres vies. Des adultes qui portent en eux un enfant blessé qui n'a pas été guéri. L'image que nous renvoient les enfants peut s'avérer à ce point insupportable qu'il faille à tout prix faire taire leur voix. Cette voix, c'est celle de l'enfant meurtri, agressé, qui a mal et qui pleure, celle de l'enfant qui refuse de se soumettre, de suivre les règles, de se conformer, celle de l'enfant qu'on s'acharnera à rééduquer à tout prix!

Tout le système de protection existe pour mettre fin à une situation de compromission, pour protéger des enfants victimes. C'est notre seule et unique raison d'exister. Pourtant, force est d'admettre que pour de trop nombreux enfants, nous perpétuons sans fin le cycle de la violence, en ajoutant la violence institutionnelle à celle qu'ils ont déjà subie dans leur famille.

Nous sacrifions l'enfant au profit de normes administratives qui vont à l'encontre de son intérêt, des notions cliniques pourtant largement connues, du but même de ces institutions. Et c'est ce que nous faisons non seulement comme individus et organismes, mais encore comme réseau, en concertation. Ainsi, est évincée toute possibilité que nos pratiques soient remises en question.

Quand oserons-nous regarder les coûts émotifs et sociaux de la colère que nous provoquons chez cette race-enfant qui, pourtant, représente notre avenir? Est-ce vraiment moins coûteux de laisser se détruire des enfants en silence, sachant que ces jeunes viendront joindre le rang des chômeurs, gonfler les listes d'attente de nos services de thérapie, augmenter le nombre d'assistés sociaux et saper la force vive de notre société? Nous préparons une future génération de parents violents, en colère. Ces coûts sociaux sont-ils réellement moins exorbitants que ceux qu'engendreraient une prévention accrue, de la thérapie efficace, des services adéquats?

Chapitre IV

Le marché du travail: la violence normalisée

> *L'être qui a appris dès sa plus tendre enfance comme une nécessité vitale l'application de lois non écrites et le renoncement à ses propres sentiments sera d'autant plus prompt à obéir plus tard aux lois écrites, et ne trouvera pas en lui de quoi se protéger contre elles.*
>
> ALICE MILLER[1]

J'ai parlé jusqu'à maintenant d'enfants éduqués à devenir ce que nous avons voulu pour eux; d'enfants brisés, humiliés, violentés par notre façon de nier ce qu'ils sont. Ces enfants ont grandi sans avoir trouvé réponse à leurs besoins, et ils sont devenus des adultes. À travers leurs rêves, leurs espoirs et leurs inquiétudes, ces nouveaux adultes sont animés par une enfance inassouvie qu'ils porteront toute leur vie, en quête des réponses qu'ils n'ont pas encore obtenues. Beaucoup d'entre eux sont habités par la colère contre leurs parents, contre les adultes qui leur ont promis une place sans la leur donner, contre une société qui leur a fait miroiter l'abondance en ne leur permettant pas de l'obtenir!

Avec un tel héritage, ces jeunes adultes accèdent au marché du travail où ils ne se sentent ni bienvenus, ni compétents. Dans cette jungle où une grande partie de leurs proches cherchent un emploi sans succès, plusieurs jeunes devront choisir entre poursuivre leurs études ou entrer dans le groupe des chômeurs.

La violence qu'a subie le jeune depuis son enfance, loin de s'estomper, se poursuit à son arrivée dans le monde du travail. La violence se normalise, s'organise et devient souvent le corollaire de la réussite sociale. Tout compte fait, l'obéissance inculquée lorsque l'enfant est tout jeune l'a efficacement préparé à devenir un travailleur soumis et docile. Devenu adulte, il doit assurer un rôle social pour répondre aux attentes d'un employeur. Ce rôle social lui commande à son tour obéissance et conformisme pour assurer l'équilibre de l'édifice instauré par les générations précédentes.

Quel est donc le prix de l'intégration du jeune adulte dans la société? Comment lui permettons-nous d'exprimer ce qu'il est, de suivre ses aspirations? Comment le soutenons-nous dans son désir d'être fidèle à l'absolu qu'il porte en lui? Quelle place lui laissons-nous dans le marché du travail pour actualiser le riche potentiel qui l'habite?

Se conformer, produire: clés de la réussite

La compétition et la performance façonnent le tissu social de nos pays industrialisés. Sur cette toile de fond, la non-productivité signifie aussitôt la mise à l'écart, la tablette quoi! Dès lors, personnes âgées, handicapées, jugées non productives ou inefficaces sont écartées du marché du travail. Leur non-rentabilité les disqualifie. C'est également le sort que l'on réserve aux enfants.

Tous ces individus étiquetés «non productifs» sont isolés dans des petites boîtes: des garderies pour les tout-petits, des écoles pour les enfants, des centres de rééducation pour les jeunes délinquants, des hôpitaux pour les malades, des institutions pour les personnes handicapées mentalement, des foyers pour les personnes âgées. Cette même logique regroupe dans diverses institutions les adultes productifs destinés à jouer un rôle social.

Dans la foulée du travail à la chaîne, le marché du travail s'est morcelé en champs d'expertise. Ses divers compartiments sont de plus découpés en secteurs d'intervention, occupés par les spécialistes. Chaque spécialité possède un langage hermétique de telle sorte que les liens entre les divers spécialistes sont difficiles, voire impossibles à créer. Les enfants qui ont besoin du système de protection, entre autres, se heurtent de plein fouet à cette réalité du morcellement de l'intervention. Ils se retrouvent tantôt face à un travailleur social, tantôt face à un éducateur de rue, à un psychologue, à un avocat, à un juge, à une famille d'accueil, ou à un rééducateur. Chacun a son rôle et rares sont ceux qui se préoccupent de l'ensemble de la situation d'un enfant. Rappelons-nous cette famille où une trentaine d'intervenants étaient engagés sans aucune concertation!

Dans ce type d'organisation du travail, le langage des uns contredit trop souvent les actions des autres. L'enfant, le client, le patient restent coincés entre deux champs de compétence alors que tout un chacun se justifie de son inaction. Ces chasses gardées attisent la dynamique animale de protection de son territoire, lequel pourrait être mis en péril par la collaboration entre les divers experts. La compétition est inhérente à ce type de logique. Donner une meilleure performance, obtenir plus, être mieux perçu par un employeur de façon à préserver ses avantages ou à conserver son emploi sont les règles du marché du travail. Je me souviens d'avoir proposé un projet pour les enfants dont la réalisation nécessitait une collaboration interministérielle. J'ai obtenu une réponse négative sous prétexte qu'aucune collaboration n'était possible: les ministres en titre étaient des rivaux! Conflits de personnalités, rivalités, budgets à défendre... les enfants sont découpés en parties de budget justifiées par des critères divergents selon les ministères.

Dans un tel système, la personne disparaît. Nous devenons des clients, des numéros, des cas, des membres, bref un ensemble de pièces détachables, dont le tout est ignoré par les spécialistes. Cette fragmentation de la personne, cette perte de vision de l'humain est trop souvent manifeste en éducation où l'enfant est réduit à sa performance scolaire, à la dimension d'une étiquette de diplômé ou de non-diplômé. De même, en rééducation, l'enfant est éclipsé derrière un symptôme identifié. Cette vision réductionniste de l'humain se retrouve dans plusieurs secteurs du monde du travail. En médecine, par exemple, le patient est trop souvent traité comme un numéro. Il devient un organe, un cas, plutôt qu'une personne qui veut recouvrer la santé.

Le même type de vision limitée appert en délinquance où il est souvent très difficile, voire impossible, de savoir si le jeune contrevenant devant nous a commis des délits dans un autre district judiciaire. Le système est ainsi fait; l'information ne circule pas, pas plus entre les divers experts, qu'entre les différentes régions. Nous ne pouvons être informés du vécu antérieur de nos jeunes lorsqu'ils comparaissent devant le tribunal, bien que, par ailleurs, il nous soit possible d'obtenir presque instantanément des cotes de tous les marchés boursiers du globe!

Cet état de fait s'associe à la mécanisation de nos tâches. Ainsi, nous nous sommes donné des guides, des procédures pour faciliter notre travail. Ces normes se sont métamorphosées en objectifs. Ce que tant d'auteurs ont appelé la bureaucratisation... Au fil des jours, notre intervention se restreint à la répétition de gestes devenus notre raison d'être. Nous pourrions multiplier à l'infini les exemples de situation où nous pouvons observer l'absence de sens du travail accompli. Car, balayer la personne, c'est évacuer le sens du travail. Pourquoi nos institutions existent-elles? Pour servir! Enseignant, juge, travailleur social, médecin, ministre, l'essence du travail est identique. Nous existons pour servir... pour servir des élèves, des enfants qui ont besoin d'aide, des adultes malades, des concitoyens... Or l'enfant, le client, le patient deviennent simplement des occasions de travail pour un grand nombre d'intervenants, au lieu d'en être le centre et la raison d'être. Les gestes, les formules, les programmes se sont substitués au sens du travail. D'autres fins s'y sont immiscées: défendre une compétence professionnelle, faire avancer une cause syndicale, régler des guerres d'expertise. De tels objectifs sont devenus autant de motivations qui laissent loin derrière la véritable raison d'être du travail que nous exécutons.

Notre société rationnelle, basée sur la performance et sur la consommation, valorise les individus coupés de leurs émotions; ils semblent en effet plus efficaces. Cette valorisation de la performance évacue les valeurs humaines et hisse sur un piédestal les qualités intellectuelles. Ainsi, en médecine par exemple, le choix des candidats a longtemps été déterminé en fonction des seuls résultats scolaires. On négligeait alors les qualités humaines, le don de soi, l'altruisme, l'empathie. Un jour ou l'autre, nous avons pour la plupart été soignés par des médecins qui ignoraient nos peurs ou se montraient insensibles à notre douleur. Nous en sommes venus à repenser cette prépondérance du rationnel dans les critères d'admission.

Dans plusieurs sphères d'activité, être émotif est mal vu, peu sérieux, peu crédible. Encore récemment, à l'occasion d'un colloque auquel je participais comme conférencière, nous avons été avisés de la nécessité de maintenir notre discours à un niveau théorique. Les recherches devaient être scientifiques, traduites dans des termes universitaires où l'émotion n'avait pas sa place. Face à une question dite émotive, l'animatrice a froidement expliqué que l'émotivité n'était pas de mise. On parlait tout simplement de génocide!

Dans un tel contexte, pour bien jouer le rôle social lié à notre emploi, il nous est demandé de laisser nos valeurs personnelles à l'extérieur du travail et d'œuvrer comme si rien d'autre n'existait, hormis les intérêts de l'employeur. Cette dissociation est fondamentale, et il convient de l'illustrer. J'ai déjà mentionné que l'école exige la même performance d'un enfant qui a faim ou qui vit des difficultés familiales importantes et d'un enfant heureux. Ces élèves sont tous jugés en fonction des mêmes critères et il est demandé à chacun de réussir un examen intellectuel standardisé. Leurs situations particulières ne sont nullement prises en considération.

De même, sur le marché du travail, tous les travailleurs occupant un emploi similaire doivent satisfaire à la même norme de production, peu importe qu'ils aient été battus par leur conjoint, tenus réveillés par des enfants malades ou secoués par un drame familial. Ces facteurs personnels n'ont souvent aucune importance pour l'employeur, qui applique à tous les mêmes critères de productivité. Ainsi la réussite sociale, tout comme l'obtention d'un diplôme, ou le fait de mériter l'amour parental, exige du jeune adulte qu'il se coupe de ce qu'il est, de ses émotions et de ses désirs.

Des jeunes adultes en quête de se réaliser

Nos jeunes adultes sont impatients de s'investir dans un emploi garant d'un salaire et d'une dignité. Cependant, leur insertion dans un marché du travail déjà saturé se heurte à la résistance de la génération en place qui appréhende davantage la menace de cette jeunesse qu'elle n'en perçoit la promesse de renouveau.

Un grand nombre de jeunes adultes sont refoulés vers les études supérieures afin d'éviter qu'ils n'arrivent massivement sur le marché du travail. Un premier cycle universitaire n'est plus suffisant, il faut maintenant en réussir un deuxième! Bien qu'ils soient à tous les niveaux — physique, sexuel, émotif, intellectuel — formés pour être actifs, les jeunes sont souvent renvoyés faire des devoirs! Comment vivent ceux qui n'ont pas le goût d'être sur les bancs de l'école jusqu'à 30 ans?

Nous écartons également près de 20 p. 100 de nos jeunes adultes qui chôment en attente d'un débouché dans un marché du travail où les accès sont extrêmement limités et qui a comme préalable l'expérience pertinente. Que ressentent ces jeunes adultes diplômés après 15 ans ou 20 ans d'études qui quémandent un stage non payé? Entrevoient-ils dans le chômage de leurs parents et amis la lueur d'une carrière valorisante?

À certains, nous entrouvrons timidement la porte du monde du travail en leur offrant des postes en région éloignée, des emplois précaires, temporaires, subventionnés. Obtenir un emploi, exercer un rôle social, c'est accéder à une petite case, dans un compartiment d'une institution ou d'une entreprise. Cela sous-entend que le jeune adulte accepte de jouer le rôle social qui correspond à ce travail. Ce rôle constitue l'ensemble des attentes explicites et implicites associées à un statut particulier. Certains corps de métier doivent posséder la flexibilité requise pour travailler selon des horaires particuliers ou en équipe, par exemple. Ces conditions font partie des attentes explicites, précisées lors de l'embauche. Outre ces modalités de base, chaque emploi comporte des exigences de productivité. Les policiers qui patrouillent nos routes doivent émettre tant de contraventions, les travailleurs sociaux doivent tenir un certain nombre de dossiers, et les vendeurs, obtenir un nombre minimal de clients. Remplir des fonctions données, suivre des règles précises, produire pour atteindre les normes imposées font partie des attentes explicites liées à une position déterminée dans le marché du travail. Obéir à un superviseur, chef d'équipe, contremaître, directeur, se révèle souvent une condition *sine qua non* de l'emploi.

La nouvelle recrue doit se conformer aux attentes de ses supérieurs; trop souvent, dans ce contexte, l'initiative ou la créativité ne sont pas valorisées; elles sont même parfois carrément découragées. Dans certains secteurs d'activité, les employés ne sont pas invités à penser mais bien à exécuter, à appliquer des directives, à suivre des règles. Le conformisme est recherché et couronné de réussite, au même titre que l'enfant obéissant est récompensé par le parent. Dans une certaine mesure, les règles qui régissent l'univers du travail sont ainsi bien similaires à celles qui prévalent dans les milieux familial, scolaire ou même rééducatif. Le désir du jeune adulte de s'inscrire, de se démarquer dans une entreprise n'est pas reconnu mais, au contraire, très souvent dénoncé, réprimé.

Pour les jeunes qui accèdent à un emploi, il devient fort difficile de se réaliser. Alors que les valeurs institutionnalisées sont la productivité, la performance, la compétition, où les erreurs entraînent une rétrogradation, où l'intolérance sanctionne l'absence de compassion, où l'humain est écarté au profit de l'organisation, quelle vision du monde proposons-nous à ces jeunes adultes? Comment ces jeunes peuvent-ils découvrir un sens à leur vie et participer à l'élaboration d'un projet de société, à des objectifs qu'ils souhaitent par ailleurs désespérément réaliser? Avec des déficits budgétaires dans les pays industrialisés, une pollution croissante à l'échelle planétaire, d'énormes disparités économiques entre les pays, il est impensable de soutenir que nous leur léguons une terre où il fait bon vivre! Les jeunes adultes pressentent la lourde tâche qui les attend et sont de plus en plus conscients du petit nombre de gens qui pourront l'assumer.

Les conduites de nos jeunes adultes sont la conséquence de leur sentiment de vide. La pensée «qu'il n'y en aura pas assez pour tout le monde» les insécurise, et avec raison. De la sagesse qu'ils démontrent souvent, nous avons certes beaucoup à apprendre. Alors que nous, adultes, gaspillons encore avec insouciance comme si les richesses étaient infinies, de nombreux jeunes nous interpellent, conscients de la pauvreté, imprégnés de leur goût du partage et de l'urgence de préserver la planète. Ils ont grandi avec la préoccupation constante de ce que sera leur avenir.

L'insécurité des jeunes adultes, au-delà de leur peur de privation de biens matériels, se situe bien plus dans leur quête d'un sens à la vie. C'est à l'intérieur de soi que chacun trouve le sens de sa vie, lequel lui est confirmé par les autres. Devant des valeurs sociales auxquelles il n'adhère pas, le jeune vit une crise de cohérence. Il doit trouver un équilibre entre ce qu'il est et ce qu'on lui demande d'être. Pour réussir socialement, il doit se couper de ses valeurs et devenir un être obéissant. Ce faisant, il agit de manière à répondre aux attentes des autres mais risque trop souvent de perdre sa raison d'être.

Cet enjeu que vit le jeune adulte dans la société actuelle l'oblige donc à s'inscrire en porte-à-faux avec ses aspirations individuelles, en tant qu'être spirituel, en tant que personne porteuse d'absolu, qui aspire à la croissance, au dépassement, à la reconnaissance, à la plénitude. Il est confronté au discours social de ses aînés qui lui commande l'obéissance pour réussir et de bien s'intégrer à la société. Le jeune adulte se retrouve piégé entre deux mouvements opposés: *rester fidèle à ce qu'il est intérieurement*, *à ses valeurs*, ou *se conformer aux valeurs sociales pour réussir*.

S'affirmer et aller à l'encontre des valeurs sociales exige beaucoup d'audace. Le jeune adulte doit d'abord puiser ce courage en lui-même. S'il n'a pas reçu dans son enfance la permission de valider ce en quoi il croit, il aura besoin d'un modèle pour s'y autoriser. Dans tous les cas, il aura besoin de soutien pour oser défier le courant social. Il lui faudra de l'aide pour l'encourager à poursuivre son chemin.

Or nos jeunes ont un urgent besoin d'être rassurés par des adultes qui leur donneront la permission de trouver à l'intérieur d'eux leurs solutions, le courage d'actualiser leurs propres valeurs. C'est ainsi qu'en 1992, lorsqu'un sondage a fait part des «héros» de nos adolescents, des gens reconnus pour leur courage, tel Terry Fox, ont reçu les palmes d'honneur.

Lorsque nos jeunes adultes se tournent vers leurs aînés, vers leurs employeurs, vers les décideurs ou personnalités publiques en quête de références, de modèles, trouvent-ils l'écho de ce courage dont ils ont tant besoin? Les gestionnaires de notre société représentent-ils des modèles pour nos jeunes adultes en quête du droit d'être différents? Ces jeunes peuvent-ils trouver un appui dans un monde où le marché du travail ne leur offre qu'emplois précaires, où les institutions s'enlisent dans une bureaucratie au visage inhumain?

Des gestionnaires coupés de leur raison d'être

À travers diverses époques, l'employeur a représenté pour de nombreux jeunes adultes une valeur sûre, une référence, un lien durable. Progresser au sein d'une compagnie a longtemps été une aspiration légitime. L'industrialisation, puis la croissance des entreprises, l'expansion des marchés ont profondément bouleversé le monde de l'emploi. De même, l'étatisation de nombreux services a participé à ce mouvement de globalisation du marché du travail. Spécialisation et mobilité sont devenues les clés d'accès des nouvelles perspectives de carrière; dans ce contexte, la stabilité au sein d'une même entreprise revêt maintenant un caractère illusoire. Qui plus est, les gestionnaires de la société, nos politiciens, font à la fois figure de représentants de la population et office d'employeurs. Créer un lien durable avec un employeur significatif devient dès lors fort difficile.

De l'enfance, j'ai gardé cette naïve impression: les politiciens nous représentent, ils parlent en notre nom parce qu'étant trop nombreux, nous ne pouvons être tous actifs au parlement. Élire des gens qui nous ressemblent permet de faire valoir nos intérêts. Être politicien, c'est obtenir le privilège de servir ses concitoyens pour améliorer leurs conditions de vie par des lois équitables et une organisation sociale efficace. Mais de plus en plus, nous doutons de nos élus. Nous représentent-ils ou parlent-ils pour eux? Font-ils écho à la voix de la population ou à la ligne de leur parti? Pouvons-nous faire confiance à ces élus qui nous consultent, défendent nos positions jusqu'au moment décisif où ils renient leurs convictions pour voter en accord avec la position de leur parti?

À titre d'exemple, lorsqu'une population d'électeurs est consultée et prend position sur une problématique dans les écoles, au nom de qui agissent les dirigeants qui vont à l'encontre de la position exprimée par la majorité? D'où provient leur autorité? C'est la même chose lorsque des avocats qui représentent un enfant déclarent à la cour: «Mon client me demande de dire ceci, mais je crois personnellement qu'il devrait vous dire cela!» Qui a besoin d'un avocat qui plaide contre lui? Qui a besoin de politiciens qui défendent leurs propres intérêts ou ceux du parti?

Nos décideurs, nos représentants perdent-ils le sens de leur mission au fil de l'exercice de leur mandat? Se souviennent-ils de leurs idéaux? Réalisent-ils les moyens qu'ils emploient pour arriver aux résultats escomptés? Rester au pouvoir devient trop souvent une fin en soi, et non pas un moyen pour faire valoir les intérêts des électeurs. Alors que le maintien de liens vivants et continus avec leurs concitoyens est essentiel, de trop nombreux décideurs se coupent de leurs attaches et se créent des alliances entre eux. Perdre le sens de notre travail, c'est aussi perdre notre vision de l'humain.

Il y a donc une division entre ce que nous sommes profondément et les gestes que nous accomplissons. Coupés de notre quête d'absolu, nous n'avons plus accès à notre désir de dépassement et ressentons un vide que nous tentons en vain de combler avec possession gloire, puissance. Un vide douloureux que nous voulons occulter en nous étourdissant.

Nous travaillons pour acquérir un bon magnétoscope, une automobile neuve, une maison, une piscine, mais nous en devenons esclaves. Alors que ces objets étaient destinés à nous apporter plaisir et confort, ils deviennent au contraire source d'insécurité. Nos désirs légitimes se transforment en obligations accrues qui nous enchaînent. Nous n'osons plus nous absenter de peur d'être cambriolés. Nous travaillons pour payer, entretenir, aménager et consommer de nouveau. Et nous voilà trop épuisés pour en profiter!

Notre obéissance aux valeurs sociales nous amènent à confondre les moyens avec les buts. Et j'applique le même raisonnement pour l'argent, pour le pouvoir, pour la notoriété. Ces moyens sont devenus des fins en soi dont nous sommes trop souvent prisonniers. Et cette perte de sens amène aussi les adultes à décrocher!

Les adultes d'aujourd'hui parviennent difficilement à intégrer leurs valeurs et à vivre en conformité avec leurs croyances. Ils se sentent écartelés, coupables et sans cesse en perte d'énergie. Comment alors parler de sérénité, d'harmonie, de paix? Cette incapacité d'être unifié témoigne d'un malaise intérieur: elle se reflète et se vit dans des rôles sociaux compartimentés, dépersonnalisés, qu'on ne s'approprie pas. On les porte tel un vêtement: de 9 à 5, je suis telle personne; de 5 à 11 une autre; de 11 à 8 une autre encore. On change de valeurs et de discours comme on change de vêtements. À nos petits-enfants nous parlons d'amour et d'entraide; dans nos milieux de travail, nous compétitionnons sans égard pour autrui. Ce n'est pourtant pas ce à quoi nous aspirons.

Devant l'impossibilité d'exprimer ce que nous sommes véritablement, nous avons tous notre façon de réagir et nos propres mécanismes de défense. Plusieurs trouveront une façon de s'adapter en présentant tantôt ce qu'ils sont, tantôt les apparences. Plusieurs tenteront de taire leurs voix intérieures pour pouvoir se conformer aux attentes des autres. Mais à quel prix? Que doivent-ils sacrifier pour suivre les règles, répondre à toutes les demandes? Et que dire de toutes les maladies qui découlent de ce conformisme, quand le corps réagit, éclate! La multiplication des maux de dos n'est pas étonnante; tant de personnes vivent raidies, toujours au garde-à-vous, continuellement sur le qui-vive... Il est normal que le corps cède. D'autres tenteront de s'accrocher à leurs convictions, à leurs idéaux et de les défendre. Certains se battront jusqu'à l'épuisement dans l'espoir de pouvoir agir professionnellement selon leurs valeurs et leurs convictions. Leur épuisement pourra s'appeler dépression, syndrome d'épuisement professionnel, fatigue aiguë, ou autre. Il se traduira en absentéisme au travail, en maladie psychosomatique, en alcoolisme, et quoi encore! Des réactions qui se manifestent dans tous les secteurs du marché du travail.

En d'autres mots, le «décrochage» des adultes existe tout autant que celui des jeunes mais nous n'en parlons pas, sinon très peu. Cette perte de sens du travail, cette absence de vision plus large, plus généreuse de notre rôle, cette mise à l'écart de ce que nous sommes comme personnes sont autant de facteurs de démotivation des travailleurs. Nous nous sommes délesté de nos responsabilités au profit des institutions. Ainsi il n'est pas rare d'entendre des réponses telles: «Mon organisme veut que», «La procédure exige que...», «Je ne prends aucune décision, c'est mon superviseur qui le fait!». Cette déresponsabilisation, loin d'être enrayée, est même encouragée par l'organisation du travail. Le travailleur ne s'investit plus personnellement dans son emploi: il peut écrire des documents sans les signer; il peut boulonner des pièces qui serviront à construire des armes nucléaires sans s'inquiéter de ce qu'il réalise; il peut opérer un patient pour une maladie alors que celui-ci se trouve condamné par une autre.

Est-il si difficile de comprendre que nous en soyons arrivés à construire des entreprises, des institutions qui ne nous ressemblent plus? À instaurer des bureaucraties dont les dirigeants agissent en dictateurs au détriment des personnes qu'ils devraient servir?

Des institutions où l'humain est au service de la structure

À bien des égards, nous n'arrivons plus à nous reconnaître dans nos organismes, nos institutions, nos gouvernements. Leurs règles nous sont étrangères. Nous perdons le contrôle des valeurs qui sont transmises à nos enfants. Nous constatons que notre quotidien est teinté de morosité, de grisaille, d'ennui. Un peu comme si la vie s'en était petit à petit retirée…

La situation économique, les différends constitutionnels ne sauraient tout expliquer. La vie disparaît sous l'effet d'un long processus de violence que nous subissons dès la naissance et tout au long de notre développement. Une violence tantôt douce, enrobée d'attentions, tantôt dure et répressive mais néanmoins réelle; celle qui nous modèle en adultes socialement rentables, qui serviront les intérêts d'une élite en nous laissant naïvement croire que c'est dans notre propre intérêt…

Guidés par des gestionnaires, des décideurs souvent préoccupés de leurs intérêts et de leur profit, nos institutions perdent leur raison d'être. Des institutions où l'on travaille pour se justifier, pour se maintenir, pour se défendre et non plus pour servir des clients, des personnes, des enfants.

> Nous sommes ainsi parvenus au type des sociétés contemporaines qui ayant complètement et lentement occulté leurs motivations initiales, à savoir la recherche du plaisir individuel par la dominance, se sont aliénées entièrement au moyen utilisé pour l'obtenir, à savoir la production pour la production au point de la considérer comme une finalité en soi et la seule façon de satisfaire aux besoins[2].

Déresponsabilisation et démobilisation nous amènent tôt ou tard vers des situations où l'humain se retrouve au service des structures. Nous construisons des sociétés déshumanisées, qui, comme l'exprime Henri Laborit, ont perdu le sens de la vie.

Que signifie le progrès, lorsqu'en son nom, il nous est permis de polluer, de contaminer, d'exterminer, de détruire?

Que signifie l'avancement scientifique au nom duquel nous pouvons modifier des territoires, menacer la couche d'ozone, bouleverser l'équilibre planétaire?

Que signifie la performance au nom de laquelle des milliers d'enfants sont exploités, utilisés dans un travail?

Quelle valeur a le droit à la propriété au nom duquel guerres et expropriations sont justifiées?

Quelle valeur a le nationalisme quand des enfants de 8 ou 9 ans ont le fusil au dos?

Que signifie la technologie que nous utilisons à des fins d'infanticides pour exterminer les fillettes de villages entiers?

Que veut dire cette participation au nom de laquelle des athlètes se détruisent par les drogues pour gagner à tout prix?

Que signifie la charité lorsqu'il nous est impossible de regarder la personne errante à qui nous jetons une pièce de monnaie?

Quel sens a la liberté lorsqu'elle autorise la prostitution à grande échelle, alors qu'on amène aux clients des autobus, des avions pleins d'enfants?

Au nom de quoi pouvons-nous tolérer que des enfants soient tués pour transplanter leurs organes aux enfants de riches?

Au nom de quoi demeurons-nous indifférents aux enfants qui sont martyrisés?

Nos sociétés industrialisées se réclament de justice à grands renforts de chartes, de politiques, se targuent d'être tolérantes, libérales et démocratiques; pourtant, l'intolérance, le contrôle, les restrictions y sont monnaie courante.

Nos sociétés industrialisées discourent sur la nécessité d'aider ceux qui crèvent de faim; pourtant, nous jetons tous de la nourriture.

Nous croyons aux enfants et signons des conventions merveilleuses; pourtant, assis dans nos salons, nous regardons confortablement ceux qui meurent par milliers.

Nous affichons nos valeurs pacifiques et nous construisons des armes pour ceux qui font la guerre.

Division, distance entre notre discours intellectuel et notre réalité sociale... L'ensemble de la société transmet des valeurs qui ne sont plus conformes à celles des individus! Comme si nous avions créé un monstre appelé société, qui ne ressemble plus aux individus! Une société débranchée, déshumanisée.

Les valeurs transmises ont perdu de vue la personne, l'humain. Érigée en institution, la violence de ne pouvoir être ce que nous sommes oblige souvent chacun de nous à choisir entre ce qu'il est et ce que les autres attendent de lui. Le monde du travail, à l'image de notre société, violente la personne en l'asservissant à un idéal de profit qui, loin de grandir l'humain, le conduit à sa perte. Dans l'ère du rationalisme, la performance traque l'humain et s'acharne sur l'enfant qui survit en chacun de nous. Le marché du travail véhicule ses valeurs. Nous vivons dans une société qui menace la vie...

Des individus déresponsabilisés: un non-sens pour l'humanité

Nouvellement arrivé sur le marché du travail, le jeune adulte est en quête de modèle pour oser vivre selon ses idéaux. Cependant, trop souvent, il se heurte à l'absence de courage des adultes. Au prix de notre santé, de notre vigueur, de notre joie de vivre, nous acceptons de jouer des rôles sociaux qui ne nous ressemblent pas. Au prix de ce que nous sommes, en sacrifiant notre désir de dépassement. En tuant l'enfant en chacun de nous...

Loin de préserver comme une richesse infinie la vie des jeunes adultes, nous condamnons ceux-ci à vivre dans notre système pour maintenir la société que nous avons construite. Dans une idéologie de compétition, les institutions sont maintenues par l'apport de travailleurs, de citoyens devenus conformes au prix d'une longue initiation. Pour protéger le *statu quo*, il faut que ce contact avec nos émotions soit coupé! Dès lors, ne peut être toléré qu'une personne soit innovatrice, créatrice, qu'elle ose essayer, imaginer et se tromper.

Nous condamnons les gens à mourir à ce qu'ils ont de plus précieux: ce qu'ils sont! Et une société qui aliène la créativité par sa peur du changement s'enlise à répéter, à reproduire sans fin. Il n'y a alors à peu près plus de tolérance pour la différence. Un enfant différent est rééduqué; un adulte différent est avisé de suivre la norme; s'il persiste, il est amené au banc des accusés, mis à l'écart de son milieu de travail, isolé, exclu. C'est ce qui se produit pour tant de personnes qui amènent de nouvelles idées, des idées porteuses d'évolution, mais qui perturbent l'équilibre social.

Dans notre monde programmé, l'intolérance à la différence devient la clé du maintien social. Est-ce ce genre de société que nous pourrons léguer à nos enfants avec fierté? De quelles valeurs essentielles seront-ils héritiers?

Deuxième partie

Grandir ensemble

Chapitre V

La fin de la violence: une œuvre d'éducation

En effet, pour moi, c'était ça, «médecin d'éducation». C'était lier la science et le langage, la compréhension...
Mais dans mon idée d'être médecin d'éducation, il n'y avait pas tellement le projet d'aider les enfants. Mon idée était davantage d'aider les parents à éduquer leurs enfants, à les comprendre.

FRANÇOISE DOLTO[1]

Le fait de nommer ainsi la violence faite aux enfants, au fil du processus qui vise leur éducation, nous force à reconnaître son ampleur. Violence que nous portons en chacun de nous, parcelle de notre vécu d'enfant, de notre réalité d'adulte. Souffrance générée par une éducation qui nous a empêchés de devenir, qui a écrasé notre potentiel de vie. Au terme d'une conférence que j'ai donnée à environ 250 personnes, un grand nombre d'entre elles sont venues me serrer la main; plusieurs m'ont dit avec tristesse: «Moi je suis l'un de ces enfants dont vous venez de parler!» À 40, 45, 50 ans, ces gens qui défilaient devant moi étaient encore chargés de cette enfance douloureuse! «Moi, je m'en suis sortie après un processus qui m'a pris des années!» affirmaient certains. Toute cette souffrance chez les adultes m'a de nouveau convaincue de l'immense coût social lié à la violence faite aux enfants. Inlassablement, montent en moi les mêmes questions: Quand donc mettrons-nous fin à la violence que vivent nos enfants? Comment soulagerons-nous la souffrance que nous portons toute notre vie d'adulte? Comment parviendrons-nous à l'enrayer?

L'ampleur de cette violence et ses lourdes conséquences nous confrontent à l'absolue nécessité et à l'urgence de réagir! Il nous faut en effet briser ce cercle vicieux. C'est un geste vital, impérieux, pour nous libérer de la violence, tant individuellement que collectivement. Il en va non seulement de l'équilibre de nos enfants, mais aussi de la survie de nos sociétés!

Je suis profondément persuadée qu'il est possible de mettre fin à la violence envers nos enfants. Car cette violence est inscrite dans notre façon de les éduquer, de nier leur droit à s'exprimer, de les voir à travers la lunette de la conformité, de les ressentir en occultant la valeur de leur quête d'absolu. La fin de la violence viendra de notre regard… D'un regard nouveau, que nous, adultes, porterons sur nos tout-petits. D'un regard différent, que nous poserons sur l'éducation de nos enfants. D'un regard renouvelé, que nous porterons sur notre rôle d'adulte auprès de nos jeunes.

La clé de ce changement en profondeur repose en chacun de nous, adultes, qui côtoyons les enfants au fil de leur éducation, qui contribuons de près ou de loin à leur développement, qui bâtissons la société que demain nous leur léguerons. Notre regard exprime notre vision du monde et détermine le sens de nos actions. Il a le pouvoir de changer la réalité.

Mettre fin à la violence envers nos jeunes, c'est transformer notre façon de voir leur éducation. À ce propos, Albert Jacquard formulait ainsi deux possibles visions de l'éducation:

Que signifie éduquer? Deux étymologies sont possibles:
— ou le verbe latin *educare*, qui signifie apporter, informer, instruire. C'est le sens qu'admettent ceux qui voient en l'enfant, comme le faisait Cyril Burt, l'équivalent d'une boîte à lait à remplir; aux enfants qui ont par nature une capacité de 1 litre, il suffira de moins d'apports qu'à ceux qui disposent d'une capacité de 2 litres. Toute la théorie de la douance repose sur une telle vision;
— ou le verbe latin *educere*, qui signifie conduire hors de soi, faire éclore. C'est le sens qu'admettent ceux qui voient en chaque enfant un être à construire, et surtout un être qu'il faut inciter et aider à s'autoconstruire. À tous, il faut apporter sans compter tout ce qui peut ouvrir leur appétit, puis tout ce que réclame cet appétit[2].

À travers cette distinction fort éloquente du concept d'éducation, Jacquard fait correspondre deux images divergentes de l'enfant: tantôt un contenant vide, tantôt un être en construction. Dans la première partie, j'ai tenté de démontrer que nombre de nos interventions éducatives sont influencées par une conception de l'enfant qui s'apparente souvent à un contenant à remplir plutôt qu'à un être en devenir. De là coule de source notre logique éducationnelle: l'adulte doit apporter, instruire, remplir, faire ingurgiter à un enfant les éléments nécessaires à son intégration sociale. Selon cette conception, il devient normal pour les parents d'imposer règles et normes à leurs enfants, qui, par définition, ne savent rien. Ainsi est-il justifié pour des instituteurs d'enseigner ce qu'ils savent comme des vérités et de vérifier que les enfants ont bien absorbé ce contenu. Ainsi est-il plausible de rééduquer les enfants qui n'ont pas réussi à se conformer. Au terme de ce processus éducatif, les jeunes deviennent trop souvent des adultes uniformes, prêts à satisfaire les besoins, quels qu'ils soient, du marché du travail.

Dans cette optique, l'éducation est essentiellement perçue comme la transmission de connaissances d'un adulte à un enfant. Elle établit également la relation adulte-enfant comme un rapport de pouvoir: le pouvoir d'un adulte qui détient le savoir sur un enfant qui ne connaît rien. Il n'apparaît dès lors pas surprenant que cette conception de l'éducation nous amène à violenter l'enfant. Car au départ, l'enfant y est perçu comme non existant: il dépend du savoir inculqué par l'adulte.

Ma conception de l'éducation se relie davantage à la deuxième vision illustrée par Jacquard. Je suis profondément convaincue que, comme une graine, l'enfant est prêt à germer et à s'épanouir pour devenir une plante magnifique. Il ne saurait être question que je dise à cette semence comment elle doit grandir. Mon devoir est plutôt de la nourrir, de l'arroser et de la protéger. Cette image illustre bien le sens que je donne au processus éducatif d'un enfant. C'est ce que j'appelle faire «œuvre d'éducation». Cette façon de concevoir l'éducation peut mettre fin à la violence envers nos enfants. Chaque enfant s'épanouissant devient une des fleurs d'un somptueux bouquet; par son odeur, sa forme, sa couleur, chacun apporte une richesse inestimable à l'ensemble.

Cette vision de l'éducation peut paraître exigeante, car elle propose une redéfinition tant de notre conception de l'enfant, de son éducation que de notre rôle d'adulte. Elle repose sur une conception de l'humain en tant qu'être spirituel qu'il faut aider à «conduire hors de soi». Aller au bout de soi-même, de son potentiel, est la raison même de notre vie! Enfants, adultes, nous portons tous ce goût de vivre, ce besoin de grandir, ce désir d'atteindre notre véritable dimension et d'être heureux. Et pour s'abandonner à cette soif de dépassement, les enfants ont besoin du soutien d'un adulte. La force de cet appui réside dans la certitude de l'adulte que tout enfant est en devenir vers quelque chose de plus grand, qu'il est porteur d'un absolu. L'adulte qui est habité par cette conviction, comprend que chaque enfant est digne de respect, d'amour et de compassion.

Sans exclure la nécessaire transmission de connaissances aux enfants, cette vision de l'éducation établit par ailleurs que l'ultime but n'est pas qu'ils réussissent à nous répéter ce que nous leur avons dit. L'important, c'est qu'ils découvrent quelque chose à partir de ce qu'on leur a enseigné. Ce type d'éducation permet à l'enfant de rester alerte et intéressé en partant de lui et non de l'extérieur. Cette approche valorise l'obéissance à ses voix intérieures plutôt qu'aux normes extérieures. Je reviens ainsi au principe de base déjà maintes fois énoncé: nous grandissons pour les autres, par les autres et avec les autres. Au cœur de cet apprentissage, l'expérience de l'enfant doit être permise, soutenue, validée par le regard d'un adulte.

Le fait de croire qu'un enfant porte en lui quelque chose de bon, d'absolu à développer, exige de nombreux changements dans notre rôle d'éducateurs de même que dans nos façons d'interagir avec lui. Cela implique, entre autres, que seul l'enfant possède les solutions adaptées à ses difficultés parce que lui seul connaît vraiment sa réalité. Dès lors, l'éducation apparaît comme le processus d'apprentissage par lequel un adulte accompagne un enfant dans sa découverte de ce qu'il est et dans sa quête d'absolu. Cette éducation doit lui procurer les éléments essentiels à sa croissance, le soutien et l'espace nécessaires à son développement. L'éducation se vit à travers une communication basée sur l'écoute de ce que l'enfant est.

En fait, cette conception régénère le sens de notre rôle d'adulte. C'est avec le soutien d'un adulte qui croit en lui que l'enfant découvre qui il est. L'adulte n'est donc pas le détenteur du savoir à transmettre, mais bien un guide, un accompagnateur, un tuteur pour l'enfant dans sa recherche de lui-même. Sommes-nous prêts comme adultes à laisser une partie de notre pouvoir à nos enfants? Avons-nous la sécurité intérieure nécessaire pour redéfinir nos relations avec eux, leur permettre d'être différents, d'écouter ce qu'ils ressentent? Sommes-nous assez solides pour accepter les remises en question que suscitent nos enfants?

Ce changement de vision de l'éducation doit s'enraciner en chacun de nous, adultes, à travers la conviction que nous sommes nous aussi porteurs d'absolu et dignes d'amour. Être sensibles à la parole de nos enfants, les accompagner dans une communication qui les fera progresser, c'est d'abord reprendre contact avec nous-mêmes. Cela exige de nous tous que nous dépassions nos acquis. Nous devons rencontrer l'enfant qui nous habite, l'écouter, retrouver ses joies, compatir à sa souffrance, l'aimer. Il nous faut cultiver le courage de vivre en contact avec nous-mêmes, avec nos émotions, nos valeurs, notre spiritualité. De ce regard d'amour envers nous-mêmes naît une nouvelle capacité d'entrer en relation avec nos enfants. C'est ce contact véritable avec soi qui permet de vivre des histoires d'amour avec les enfants. De ces histoires d'amour dont ils ont tant besoin, qu'ils ne cessent d'espérer… et de réclamer…

Au bout de ce long couloir qu'est la violence faite aux enfants et de leur souffrance, se cache la promesse d'un mieux-être. Des promesses différentes pour chacun d'entre eux, et pourtant bien semblables. Elles portent en elles l'espoir d'une vraie rencontre avec un adulte aimant qui leur permettra de grandir. Quelque chose de bien, de beau, de vrai peut arriver, arrivera à Julie, à Marc et à Alexandre… C'est cette conviction qui donne un sens à mon rôle de juge pour enfants.

Je ne connais pas la richesse que Julie, Marc et Alexandre portent en eux, mais je sais qu'il me faut comme adulte, comme juge, leur permettre de la découvrir et les aider à y rester fidèles. Car protéger ces enfants, c'est les aider à grandir. C'est ce que je tente de réaliser à travers mon engagement envers eux. C'est à la fois le préalable pour que chacun de ces enfants grandisse et le but pour enfin rompre le cercle vicieux de la violence.

Chapitre VI

Une juge d'éducation

> *— Mon cher jeune homme, répondit patiemment Korczak, un médecin est responsable du corps humain, un professeur de l'esprit humain. Et le juge n'est-il pas responsable de la conscience humaine?*
> *[...]*
> *— Un homme a-t-il besoin d'un juge comme il a besoin d'un médecin ou d'un professeur? répondit-il.*
> *[...]*
> *— Vous êtes encore très jeune, dit-il doucement. Oui tout homme a besoin d'un juge, à moins d'être lui-même son propre juge. Et c'est aussi une très difficile et très belle profession.*
>
> BETTY JEAN LIFTON[1]

Parfois des jeunes enfants de 10 ou 11 ans se présentent devant la cour avec un ou deux sacs verts contenant toutes leurs possessions. Après le tribunal, ils ne savent pas où ils iront. Assis, tels des errants, ces jeunes semblent se fondre à leurs sacs, comme si la vie les avait quittés devant l'intolérable tension de ne pas savoir qui voudra bien d'eux... Et dans leurs yeux, une résignation, une insoutenable résignation... En les regardant, même en croyant véritablement, désespérément, en ce qu'ils sont, je suis consciente du peu de temps que chacun d'entre eux passe devant moi. Peut-être comme un premier contact avec les rayons du soleil, un instant qui donne le goût de rester, mais qui ne suffit pas à nous réchauffer... juste le goût d'espérer encore. Simplement le temps de sentir que «la juge m'aime!».

Quand je les vois repartir, je me pose toujours les mêmes questions: Cet enfant est-il un peu plus vivant par les quelques instants que nous avons partagés? A-t-il senti que je l'acceptais, que je l'aimais? Ai-je réussi à lui communiquer le goût de chercher sa raison de vivre?

D'abord un humain... qui agit comme juge

J'aime penser que je suis une juge d'éducation. Être juge pour enfants en matière de protection, c'est protéger des jeunes et les aider à grandir, c'est mettre fin à la violence qu'ils subissent en faisant œuvre d'éducation, laquelle passe par l'amour, la spiritualité et la communication.

Oui, j'aime penser que je suis une juge d'éducation. C'est ma façon d'être fidèle à ce que je suis, en rendant justice à des enfants qui ont besoin d'être accompagnés et aimés. C'est ma façon d'être en contact avec eux, convaincue que les protéger, c'est les aider à être plus vivants. Je considère la croissance intérieure d'un enfant, d'un adulte, de tout être humain comme la trame de fond de toute relation humaine. Nous apprenons constamment; voilà la certitude qui donne un sens à mon travail.

Je crois qu'en cela, être juge pour enfants nécessite une inébranlable foi en l'enfant, et une croyance inconditionnelle en ce qu'il peut devenir. À la cour, il m'arrive souvent de dire aux jeunes: «Nous nous reverrons dans deux semaines, d'ici là, je vous demande de trouver ce dans quoi vous êtes bon, ce qui vous rendra heureux! Cherchez où vous voulez réussir et être bien et vous m'expliquerez cela lors de notre prochaine rencontre.» Certains me regardent avec surprise. À travers ces simples mots, j'ose espérer que ces enfants perçoivent que je leur donne la permission de commencer à rêver. C'est la même conviction qui me porte à dire à une mère: «Madame, je sais que vous désirez être une bonne mère, alors nous allons vous aider à prendre vos responsabilités en commençant par vous aider à avoir soin de vous!»

Il m'arrive parfois de penser que la foi est ce qu'il y a de plus important à transmettre aux enfants, aux parents lorsqu'ils viennent au tribunal. C'est aussi pour partager cela que je me plais à dire à ceux qui se présentent devant moi: «Vous êtes chanceux d'être à la cour! Vous avez essayé dans votre famille, vous avez essayé à l'école, avec des intervenants sociaux, et nous allons essayer encore, nous allons tenter de cerner avec encore plus de précision ce qui ne va pas et prendre d'autres moyens pour vous aider.» Si, ensemble, nous essayons de trouver une solution à la situation, nous parviendrons sûrement à améliorer le sort des enfants. C'est ce que je crois profondément.

Au-delà des souffrances, de la violence qui ont entravé le développement d'un enfant, d'un père, d'une mère, se cache en chacun d'eux l'espoir de vivre autrement, d'être heureux. L'essence de mon travail, c'est de les autoriser à chercher en eux l'absolu qui les habite, non pas en leur transmettant celui qui vit en moi, mais en leur communiquant ma conviction qu'ils sont porteurs de solutions. Cela est possible en les traitant avec amour, dignité et respect. Et cela n'est possible qu'en étant moi-même en contact avec l'idéal qui m'habite.

Car un juge ne sera jamais qu'un être humain. C'est à la fois sa limite et sa force, sa faiblesse et sa grandeur. Au même titre qu'un parent, qu'un enseignant, qu'un travailleur social, qu'un avocat, le juge s'inscrit en continuité avec tous ceux qui veulent aider un enfant à grandir. Certes, les enfants qu'il rencontre sont un peu différents, par leur expérience, leur vécu et leur souffrance, mais ils sont aussi semblables dans leurs besoins d'être aimés, d'être accompagnés et de se développer. Et à ce titre, comme tous les adultes qui côtoient ces enfants, le juge se doit d'être humain pour ne pas être un autre maillon d'une chaîne sans fin qui brise les jeunes.

J'ai souvent témoigné de l'importance d'écouter les enfants et de les aimer. Je n'ai jamais caché ma sensibilité à l'égard de tous ces jeunes qui, jour après jour, viennent me dire leur souffrance et me raconter la violence dont ils sont victimes. Pourquoi mes pleurs et ma colère devant la souffrance des enfants sont-ils inacceptables pour certains? Comment peut-on soutenir que des enfants grandiront en comparaissant devant des juges dont on exige une attitude insensible?

Cette magistrature neutre et objective s'est inscrite dans l'histoire en lien avec la prétention à l'objectivité de la justice, comme de la science. L'existence de cette objectivité a été maintes fois mise en doute par les nouvelles découvertes en science et en recherche fondamentale. À tel point que les scientifiques, premiers tenants de l'objectivité, annoncent maintenant que le règne de la neutralité est révolu[2]. L'observateur, le chercheur, le scientifique ne peuvent plus prétendre observer un phénomène de l'extérieur sans interagir avec ce phénomène, donc sans qu'il y ait subjectivité. Cette révolution dans l'esprit scientifique rejaillit dans tous les domaines, dont le système judiciaire. De cette profonde évolution sociale naissent les efforts constants des gouvernements pour humaniser la justice, la rapprocher du citoyen, la rendre accessible et transparente. Et cette humanisation passe d'abord par des juges humains... Des juges qui se savent humains, avec courage et humilité... Des juges qui deviennent forcément conscients à la fois de la modestie de leur rôle et de l'importance de le jouer avec honnêteté.

Comme juge pour enfants, ce sont les jeunes eux-mêmes qui nous apprennent l'humilité. Ce sont les enfants pour qui nous avons tenu enquête et avons rendu jugement qui reviennent devant nous parce que les mesures ordonnées n'ont pas permis de corriger la situation, parce qu'ils continuent de fuguer, de commettre des délits ou de se faire maltraiter. C'est avec humilité qu'il nous faut nous demander si nous avons pris la bonne décision, si d'autres mesures auraient donné de meilleurs résultats. Car rien ne nous permet de savoir sans l'ombre d'un doute si nous avons pris les bons moyens pour aider un jeune. Et aucune étude ne nous prouve que notre action est acceptable et efficace. Personne n'a vérifié à ce jour ce que sont devenus les enfants qui ont comparu devant nous, il y a 5 ans, 10 ans ou 15 ans. Comment ont-ils réussi leur vie? Certains reviennent devant la cour, encore et encore; ils s'enracinent dans la délinquance ou vont d'une famille d'accueil à une autre. Devant ces enfants, un juge conscient de ses limites peut difficilement se croire infaillible. Au contraire, humblement, il ne peut qu'espérer dans la grâce de comprendre de plus en plus les enfants et prendre la meilleure décision possible pour les aider.

Et c'est en cela qu'il nous faut, en tant que juges, nous donner le droit à l'erreur afin de nous permettre de chercher la meilleure solution pour un enfant. La justice, telle qu'elle est conçue, reconnaît que les juges sont humains et peuvent se tromper, d'où le droit d'appel. Il est donc possible que des magistrats d'une instance supérieure nous incitent à revoir notre interprétation du droit ou de l'intérêt d'un enfant, par exemple. Le droit à l'erreur n'est-il pas un fondement de l'apprentissage?

Connaître l'enfant

Les parents sont les premiers responsables de l'éducation de leur enfant. Cependant, dans certaines situations, ils ne peuvent adéquatement assumer leurs responsabilités sur ce plan; l'État doit alors intervenir. Dans le cadre de cette intervention, la situation de l'enfant est portée à l'attention d'un juge de la Chambre de la jeunesse, un juge pour enfants. Ce dernier a pour responsabilité de connaître le jeune, de décider s'il a besoin d'être protégé et, le cas échéant, d'ordonner des mesures visant à assurer sa sécurité et son développement. Le juge doit agir en tenant compte d'abord et avant tout de l'intérêt de l'enfant et du respect de ses droits. Ces deux concepts ont été élaborés par les recherches cliniques et définies par la jurisprudence. Toutefois, il appartient au juge de les redéfinir pour chaque enfant selon la situation particulière dans laquelle celui-ci se trouve. Il s'agit de faire en sorte que l'enfant grandisse aux points de vue physique, émotif, psychologique, intellectuel.

Pour bien connaître (con-naître, c'est-à-dire naître avec) l'enfant, le juge procède lui-même à une enquête en la forme judiciaire. Patiemment, il écoutera le jeune et ses parents. Il tentera de le comprendre, tout en s'appuyant sur les propos des intervenants qui connaissent l'enfant et sa famille, qui les ont évalués ou qui ont travaillé avec eux. L'aide de ces experts lui est nécessaire pour bien saisir la situation de l'enfant.

Avec amour pour l'enfant blessé, avec compréhension pour les gestes qu'il fait, avec empathie pour la douleur qu'il ressent, le juge l'écoutera et l'incitera à s'ouvrir. «Tu me dis que tu as mal. Tes gestes pour me l'exprimer sont peut-être inacceptables, mais je comprends ton message. Je sens la colère que tu ressens, et parce que cela peut être différent pour toi, nous allons chercher ensemble un moyen pour que tu sois mieux.»

Dans la plupart des situations, les enfants sont maintenant représentés par un avocat, ce qui leur permet de participer plus activement au processus judiciaire. Les parents peuvent également avoir recours aux services d'un procureur. Le tribunal devient alors un lieu de parole… Mais ce n'est pas toujours le cas, malheureusement. Dans certaines provinces canadiennes, par exemple, le même avocat représente à la fois l'enfant et ses parents. Cette pratique peut être acceptable lorsque enfants et parents ont le même intérêt; toutefois, elle devient fort discutable dans d'autres circonstances. Je me souviens d'avoir confronté un avocat en lui demandant comment il pouvait représenter à la cour à la fois une fillette qui affirmait être victime d'inceste et son père qui niait les accusations. Position pour le moins contradictoire qui invalide la représentation d'un avocat! Et pourtant, cette pratique demeure dans certaines régions du pays où les jeunes n'ont pas droit de parole. Dans ce contexte, comment un juge peut-il écouter un enfant?

S'il importe au juge de connaître, d'écouter l'enfant, il est tout aussi important d'entendre les parents. Cela favorise la compréhension de la dynamique familiale et contribue à engager les parents dans la recherche des solutions. Nous avons longtemps cru que les experts connaissaient toutes les solutions. À cette époque, la parole des parents avait peu d'importance, et parfois même, elle n'en avait pas du tout. Nous réalisons maintenant que cette façon de faire mène à l'impasse. Malgré tous nos efforts pour solidifier un enfant et soulager sa souffrance, si nous ne parvenons pas à travailler avec les parents, à obtenir leur adhésion aux mesures proposées ou ordonnées, l'enfant est condamné à vivre en marge de sa famille et trop souvent de son milieu social.

Pour qu'il puisse connaître un enfant, le juge doit ainsi comprendre les parents, leur passé. Souvent, la violence qu'ils ont vécue se retrouve dans leurs attitudes éducatives. Retracer cette souffrance, ces blessures des parents devient nécessaire pour travailler avec eux à reconstruire un milieu de vie sain pour le développement de leurs enfants.

Il importe finalement pour le juge de tenir compte des liens que l'enfant a pu tisser au fil des jours, des années, avec des parents d'accueil, par exemple, ou des éducateurs dans un centre de réadaptation, ou encore avec toute autre personne devenue significative pour lui. L'ultime but de l'enquête du juge, c'est de connaître l'enfant, d'identifier sa souffrance et de la comprendre pour pouvoir la soulager. Ce n'est qu'ainsi qu'il contribue à aider l'enfant à grandir et à éviter qu'à son tour ce dernier ne devienne un parent violent qui cherche ainsi à vaincre une douleur occultée ou niée. Et ce n'est que lorsqu'il a l'intime conviction de connaître l'enfant, que le juge peut ordonner la mesure appropriée.

Au terme de son enquête, le juge déclare la sécurité et le développement de cet enfant compromis ou non. Si celui-ci est en danger, il importe d'en identifier la cause. S'agit-il d'abandon? d'inceste? de négligence? Il faut nommer cette souffrance. Nommer donne la vie à ce que l'on dénonce. Pour mettre fin à une situation, il faut d'abord la reconnaître, la dire. Scott Peck disait que le fait de nommer quelque chose correctement nous procure un certain pouvoir sur cette chose. Le fait de nommer la violence subie par l'enfant, le fait de dire sa souffrance, valide son expérience. J'ai vu des enfants accepter une aide thérapeutique qu'ils avaient toujours refusée, j'en ai vu s'engager avec une personne significative parce qu'enfin on croyait ce qu'ils disaient.

Mais il n'est pas toujours facile de nommer cette violence. Cela implique de poser un jugement et de prendre des décisions susceptibles de soulager la souffrance qu'elle engendre. Par exemple, il n'est pas facile de déclarer qu'un enfant est abandonné! On voit des enfants, rejetés depuis six ou sept ans, maintenus en centre d'accueil sous le faux prétexte que la mère pourrait entreprendre une démarche. En fait, oser nommer la réalité de l'abandon est lourd de conséquence, mais cette parole devient nécessaire pour mettre fin à la situation que vit l'enfant; c'est une étape essentielle pour lui permettre de faire le deuil de sa famille et de poursuivre son chemin.

Cette identification des vrais problèmes demeure essentielle et contribue à soutenir le travail des intervenants qui aideront l'enfant et sa famille. En omettant de nommer les difficultés vécues par l'enfant, en mentionnant seulement de façon vague qu'il a besoin de protection, il est difficile de travailler sur une base solide. Dans certaines provinces canadiennes, le tribunal déclare l'état de compromission dans lequel se trouve l'enfant sans en dire plus, sans l'identifier réellement. Le silence qui entoure de nombreux problèmes familiaux, l'inceste par exemple, se maintient donc, perpétuant le tabou. Le juge se contente alors de conclure à un «problème familial».

C'est donc à travers cette enquête judiciaire, qu'en tant que juge, j'entends l'enfant, ses parents, des enseignants, des proches et des intervenants. L'enfant au cœur de ce processus accepte parfois de faire confiance et de se laisser connaître. À travers nos rencontres, je lui avoue que je ne possède aucune solution toute faite mais que j'ai une grande confiance en sa capacité, en celle de ses parents et des intervenants de découvrir des moyens de résoudre son problème. Lorsqu'une telle communication s'établit entre un enfant et un juge, le processus judiciaire prend un tout autre sens pour l'enfant et peut l'amener à vouloir de nouveau faire confiance aux adultes.

Agir pour protéger

Le juge doit choisir les mesures susceptibles de mettre fin à la situation de compromission que vit l'enfant. Il ne s'agit pas de répondre aux désirs de l'enfant mais de déterminer quels moyens l'aideront à guérir et à grandir, c'est-à-dire décider dans son intérêt.

Parfois, je conclus qu'un enfant a besoin de rééducation. Pour soulager sa souffrance, il aura manifesté sa colère en la retournant contre lui-même ou en l'exprimant aux autres par des vols ou encore en se prostituant. Pour tolérer l'intolérable, il se sera évadé dans la drogue et l'alcool. Malgré les événements difficiles que ce jeune a vécus, je crois qu'en vivant une relation de confiance avec un adulte qui le valorise, il pourra se reconnaître, reprendre confiance en lui-même et mettre fin à ses comportements destructeurs. La rééducation pourra lui être bénéfique; elle lui permettra de se retrouver et redonnera une valeur à ce qui l'habite grâce à l'amour d'adultes qui croient inconditionnellement en lui et s'engagent à l'accompagner. La rééducation devient alors une étape cruciale pour ce jeune, une nouvelle chance de rencontrer un adulte aimant qui l'autorise à être ce qu'il est, une nouvelle possibilité de connaître quelqu'un qui l'aidera à grandir. D'où l'importance du regard que nous posons sur l'enfant et le sens que nous donnons à notre intervention. Ce regard d'acceptation inconditionnelle constitue la pierre angulaire de la vraie rééducation d'un enfant blessé.

Durant sa période de rééducation, l'enfant pourra être hébergé dans un établissement pour y être «traité» (les Américains disent *right to treatment*) et non brisé, piétiné, violenté. Je me souviens d'un enfant de 9 ans qui manifestait de sérieux troubles de comportement. Malgré son très jeune âge, on me demandait de le placer en centre d'accueil. Le garçon avait subi maintes agressions physiques et sexuelles de la part du conjoint de sa mère. Bien sûr, il cassait tout, brutalisait les autres et, comme par hasard, par des gestes liés à la sexualité: il faisait mal au pénis des petits garçons et s'attaquait aux petites filles. Nous avons compris ce que cet enfant avait vécu; il est allé en centre d'accueil non pas pour qu'on y traite ses troubles de comportement, mais bien parce qu'il avait été agressé, parce qu'il était une victime et qu'il avait besoin de guérir.

Il en va de même dans les cas d'enfants battus par leurs parents. Je dois non seulement aider les jeunes à guérir leurs blessures, mais aussi inciter les parents à retrouver accès à leurs émotions pour qu'ils cessent de battre leurs rejetons. Si en tant que juge, par l'autorité que je détiens, par les ordonnances que je rends, je réussis à contrôler ces adultes par la menace ou la peur, l'impact de mon action est limité. Si, par un travail sincère avec un psychologue ou des intervenants sociaux, ces parents retrouvent l'enfant en eux, s'ils réapprennent à s'émouvoir, ils regagneront leur capacité de sentir, non seulement dans leurs relations avec leurs fils et leurs filles, mais également dans tous les aspects de leur vie, avec leur conjoint, leurs petits-enfants, leurs collègues de travail… Mon intervention sera d'autant plus efficace: mettre fin à la situation de compromission et par le fait même protéger l'enfant, permettre au parent de reprendre du pouvoir sur sa vie et éviter la répétition d'un tel événement.

Après avoir écouté la preuve présentée, je rends une décision dans l'intérêt et le respect des droits de l'enfant. J'explique ensuite cette ordonnance et tente d'obtenir l'adhésion des parties. Jamais je n'ai senti que les enfants étaient en colère en entendant mon jugement. Plusieurs ont exprimé leur désaccord parce que la décision rendue n'était pas celle qu'ils souhaitaient; d'autres ont été déçus ou attristés; d'autres encore se sont réjouis de l'issue de l'enquête. Je crois que les enfants sentent le souci authentique du juge de décider dans leur intérêt; je suis profondément convaincue qu'ils acceptent alors la décision, car ils savent dans leur grande sagesse qu'ils ne peuvent pas toujours faire ce qu'ils veulent. Les enfants n'attendent pas de solutions miracles; ils ne sont pas dupes. Lorsque nous avons le courage, la compétence et l'amour nécessaires pour exercer efficacement notre rôle, les enfants n'en demandent pas plus; ils sont rassurés.

Je termine souvent une audition en disant aux enfants de me «donner des nouvelles». À ma grande joie, certains n'hésitent pas à le faire. Récemment une jeune femme m'appelait pour m'inviter à venir voir son bébé, sept ans après s'être présentée devant la cour! D'autres envoient leur bulletin scolaire; d'autres encore téléphonent quand je vais donner une conférence dans leur quartier. Ces jeunes ont vraiment senti que la juge ou la travailleuse sociale voulaient pour eux ce qu'il y avait de mieux et qu'ils ont eu le courage d'assumer leurs responsabilités. Ce qui s'est vécu au tribunal, c'est une vraie rencontre, où l'enfant s'est senti écouté, respecté, aimé.

À travers un jugement, il a pu construire sur sa souffrance nommée, accueillie et comprise. Il a trouvé un nouvel élan à son existence, et a pu courir le risque de refaire confiance à la vie.

Mais il ne faut pas croire que cette véritable rencontre s'établit chaque fois qu'un enfant se retrouve devant moi. Le juge ne peut que s'offrir, comme tous les adultes qui côtoient un enfant. Il appartient à ce dernier d'accepter de se laisser connaître. C'est lui qui choisit de faire confiance à une travailleuse sociale, à un enseignant, à une éducatrice, à un juge... Tout ce que nous pouvons faire comme adultes, c'est de croire en cet enfant, en ce parent, et leur ouvrir la porte de notre cœur.

Récemment, une jeune femme est venue me voir, pour «placoter», disait-elle, et me confier ses projets. Lyne est ce qu'on appelle une enfant du système. Le réseau l'a prise en charge lorsqu'elle était très jeune, ses parents étant incapables de s'occuper d'elle. Au fil des auditions, je l'ai vue vivre une série de merveilleuses transformations. Telle une rose qui se défroisse, Lyne s'est épanouie. Elle est retournée à l'école où elle s'est affirmée comme leader, elle s'est ouverte et a pris goût à la vie. C'est avec beaucoup de fierté que Lyne raconte tout le chemin parcouru. Aujourd'hui, elle est autonome, elle vit en appartement et n'a plus besoin d'être protégée. Elle réussit. Elle est sereine, plus heureuse et elle se permet de rêver... Elle veut écrire une autobiographie pour sensibiliser les adultes à la souffrance des enfants. Et du même souffle elle m'explique qu'elle voudrait bien parler à son père, l'inciter à suivre une thérapie, lui qui ne sait que crier, et n'a aucune idée qu'on peut tout doucement se parler de nos peines. Elle voudrait tant lui dire le soulagement que l'on ressent alors, la paix qui s'installe à l'intérieur de soi. Pour ce faire, elle a choisi de lui écrire; ce sera plus facile pour elle — et pour lui — que de vive voix. Mais ça ne m'arrive pas tous les jours qu'une Lyne vienne cogner à ma porte pour me dire que ma décision l'a aidée. Le plus souvent, seule ma conviction d'avoir honnêtement rempli mon rôle m'accompagne au terme de mes journées.

Par ailleurs, comme tous les intervenants, les juges font face à une multitude de sollicitations de toutes parts. Pour y répondre, je me demande constamment à qui je dois être loyale. Cette question, que je ne cesse de me répéter, m'aide à garder bien en tête l'objectif que je poursuis et à soutenir le courage de vivre en cohérence avec cette fidélité. Car je dois ma loyauté aux enfants que la loi et la société m'ont chargée de protéger.

Or cette loyauté aux enfants suppose également que je fasse tout mon possible pour les secourir même lorsque supérieurs, normes et institutions émettent des suggestions, des directives qui nuisent à un véritable engagement envers les jeunes. Ma situation de juge, dont le rôle consiste à protéger les enfants, m'amène à dénoncer les politiques, les erreurs du système ou les pratiques qui vont à l'encontre de leurs intérêts. En fait, la fonction du juge pour enfants est passionnante; il s'agit de les écouter et de les aimer pour les aider à grandir. Mon rôle s'inscrit en collaboration et en continuité avec tous les adultes qui agissent avec cette intention, mais il a trait spécifiquement à ce qui touche la justice. Perez de Cuellar disait: «La manière dont une société traite ses enfants ne montre pas seulement qu'elle est capable de compassion et de protection humanitaire, mais également qu'elle a un sens de la justice…» Et la justice, c'est d'aider un enfant à grandir, en décidant dans le cadre de la loi.

Chapitre VII

Une rencontre avec soi

Les blessures se guérissent et n'ont pas nécessairement besoin d'être retransmises, à condition toutefois qu'on ne les ignore pas.
ALICE MILLER[1]

Pour grandir, nos enfants ont besoin d'être en contact avec des adultes solides et responsables. J'ai tenté de mettre en lumière précédemment cette absence de modèle, de relation continue à l'adulte dont souffrent trop de nos enfants. Pour faire œuvre d'éducation auprès des jeunes, il nous faut en tant qu'adultes renouer contact avec nous-mêmes. Beaucoup d'entre nous ont été élevés à obéir à l'autorité sans respecter qui ils étaient vraiment. Nous avons appris à taire nos émotions et nos aspirations. Retrouver le sens de notre vie, reprendre contact avec l'enfant en nous, vivre en harmonie avec nos valeurs, voilà la voie à suivre pour revitaliser notre vie d'adulte et nous permettre d'accompagner nos enfants, sans les violenter.

Retrouver l'esprit qui nous anime

J'ai souvent été bouleversée par le courage et la force d'enfants qui ont souffert, vécu de terribles agressions, été brutalisés à l'extrême, et, pourtant, qui n'ont jamais cessé de s'accrocher, de rêver de bonheur, d'espérer! Comment ces enfants peuvent-ils encore croire malgré les épreuves qu'ils ont traversées? Où puisent-ils l'énergie pour continuer à espérer? Il semble que ce désir de vivre et d'être heureux les habite profondément. J'ai réalisé en les côtoyant qu'ils portaient tous cette force en eux, cette insatiable soif de dépassement qui caractérise l'humain. Et voilà que les enfants que je tente d'aider me prennent par la main, moi qui avais relégué la notion de spiritualité dans le même classeur que la religion. Ces jeunes m'indiquent le chemin vers cet absolu que chacun porte en soi, vers cet idéal qui donne un sens à la vie.

Le mot spiritualité vient du latin et signifie esprit. La spiritualité, c'est notre âme, notre raison de vivre et d'être. C'est ce qui nous fait avancer et grandir malgré les obstacles. Créés à l'image d'un absolu, nous en sommes tous porteurs. L'être humain ne peut se contenter de nourriture terrestre; il lui faut une raison d'être qui transcende le quotidien, l'éphémère, qui le pousse au dépassement de soi. C'est cela la spiritualité: l'esprit qui nous anime, tout simplement!

Plusieurs travaillent à réaliser cet idéal à travers une religion. Leur spiritualité prend l'image de Dieu, de Yahvé, de Bouddha, d'Allah, de Krishna. D'autres encore l'incarnent dans un chaman, un prédicateur, un prophète. Certains refusent de le nommer d'après une divinité, préférant donner à leur idéal une dimension plus personnelle; ce sera pour les uns la recherche de la justice, de la charité; pour les autres, celle de la beauté, de la vérité, ou encore de l'unité. C'est ainsi que je conçois l'universalité de la religion.

Il m'est aussi difficile de concevoir les êtres humains en regard de leurs différences alors que la spiritualité constitue le fondement de chacun de nous. L'enfant du Japon, l'enfant d'Afrique et celui d'Amérique portent en eux une parcelle d'absolu qui les rend semblables et égaux. Lorsque nous acceptons cette idée, nous ne nous sentons pas constamment différents des autres, mais au contraire unis dans ce que nous avons de plus précieux.

Lors d'un récent voyage en Israël, j'ai visité des lieux saints de la tradition chrétienne. Dans l'église où le Christ mort en croix est honoré, des lampes représentent les diverses Églises. Une série de portes s'ouvrent sur des salles: une pour les catholiques, une autre pour les orthodoxes... des cloisons, qui reflètent fidèlement l'étanchéité de nos croyances! Pourtant, je ne peux m'empêcher de me demander pourquoi de telles divisions. Car deux personnes de nationalité et de religion différentes peuvent se reconnaître et se sentir aussi liées que frère et sœur. Au-delà des disparités, l'un et l'autre se retrouvent dans leur recherche d'absolu. Être en contact avec notre spiritualité nous permet de reconnaître en l'autre cette même soif de s'accomplir. L'essentiel de la rencontre avec l'autre devient la spiritualité: ce qui nous guide sur le plan individuel, ce qui nous unit sur le plan collectif.

Individuellement, retrouver l'esprit qui nous anime, c'est trouver en chacun de nous ce qui nous habite. Bernard Kouchner exprime avec beaucoup de justesse cette idée en s'adressant à l'Abbé Pierre.

> À bien y réfléchir, dans une vie, on est l'homme d'une seule idée, une idée simple et claire, et d'une obstination. Toi, tu as été l'homme d'un devoir d'initiative, envers et chez les pauvres. Je suis à ma mesure l'homme du devoir d'ingérence. Il s'agit pour chacun de trouver sa voie[2].

Retrouver cet esprit, c'est aussi donner du sens aux événements de notre vie. Prenons l'exemple de la fête de Noël. Cet événement était essentiellement une fête religieuse, symbolisée pour les chrétiens par la naissance du Christ sauveur. Noël, c'était la joie de se retrouver, un temps d'arrêt qui rassemblait les familles. Les Noël d'aujourd'hui sont fort différents. Beaucoup d'entre nous ont écarté la dimension spirituelle de cette célébration et ont balayé du même coup les valeurs qui y étaient rattachées. Retrouver le plaisir de se réunir et de partager, c'est renouveler cette fête de l'amour. Tout comme le jour de l'An juif par exemple où les gens remercient Yahvé pour les joies vécues dans la dernière année. Ensemble, ils souhaitent une nouvelle année remplie de douceurs! N'est-ce pas l'essence de cette fête? Le vrai cadeau de Noël devient celui du partage, de l'amitié, de l'amour, à travers la joie simple de l'offrande de vœux à ceux qu'on aime!

Retrouver l'esprit qui nous anime, c'est également revaloriser les gestes les plus humbles, c'est découvrir ce qui nous rend heureux dans notre famille, à l'école, au travail. C'est aussi nous autoriser à trouver notre place, nos critères de satisfaction, à établir nos normes de dépassement par rapport à nos convictions et non à celles des autres. Suis-je plus en paix avec moi-même aujourd'hui qu'hier? Suis-je plus heureuse avec les gens qui m'entourent? Suis-je plus satisfaite de mon travail?

Un exemple tout simple illustre l'importance de choisir nos propres standards. Il y a quelque temps, j'ai écrit un livre avec Yves Beauchemin. En me comparant à ce grand écrivain dont l'écriture est si limpide et coule de source, je ne me sentais pas du tout à la hauteur. Il m'était difficile d'imaginer sans prendre panique mon texte côtoyer le sien. J'ai pensé et repensé à l'objectif que je poursuivais en écrivant ce livre. L'ouvrage en question n'était qu'un véhicule imparfait, mais sans doute utile, pour exprimer des idées qui me tiennent à cœur et que je souhaitais partager. J'ai finalement osé l'expérience après avoir compris que je n'étais pas en compétition avec monsieur Beauchemin. Cela m'a rendue plus sereine. J'avais le bonheur de côtoyer cet homme humble et assez généreux pour collaborer à ce projet. Si je me compare aux grands écrivains, mon effort littéraire peut sembler un désastre. Cependant, en comparant ce livre à d'autres textes que j'ai écrits, je suis contente du résultat et je me dis que le prochain sera encore meilleur. Je crois m'être réellement dépassée. Et ce désir d'aller plus loin, de pousser nos limites fait partie de l'absolu que nous portons tous.

Être en contact avec notre quête d'absolu nous incite à respecter l'autre. Comment ma vérité pourrait-elle être meilleure que celle de mon voisin? Comment pourrais-je exiger que l'autre se conforme à ce que je suis? Il me semble que l'acceptation de l'autre, aussi différent soit-il, s'impose de plus en plus. Cette nécessité émerge d'autant plus qu'il est maintenant facile de voyager dans tous les pays, que les télécommunications, les nouvelles réalités politiques et économiques abolissent les frontières. Notre conception du monde s'élargit, que ce soit pour les enfants par la signature d'une convention internationale; que ce soit en écologie où notre conscience s'accroît à toutes les formes de menace à l'équilibre planétaire; que ce soit en économie, où les sociétés multinationales s'étendent à tous les coins du globe. Nous prenons conscience de nos similitudes au-delà des races et des disparités économiques. Mais surtout, l'importance du respect de chacun s'impose comme une condition essentielle de survie.

Choisir ses valeurs

Pour être heureux, l'homme a besoin de se sentir intègre et cohérent, non seulement dans son discours et ses actions, mais aussi dans ses relations avec les autres. Le bonheur passe par cette harmonie avec soi et les autres. Nous connaissons tous des gens heureux. Ils ne sont pas nécessairement riches, ni célèbres ou puissants, mais ils possèdent l'essentiel: la capacité de vivre en harmonie avec eux-mêmes. Ils travaillent à leur rythme, avec le sentiment que leur action a un sens et qu'elle servira aux autres. C'est ce que Françoise Dolto appelait «l'esprit d'enfance»[3].

Malgré les nombreuses situations qui tendent à nous éloigner de nos valeurs, de plus en plus de personnes acceptent d'entrer en contact avec elles-mêmes pour y retrouver l'essentiel. Ce faisant, elles osent souvent être considérées comme marginales. J'ai connu une famille de trois enfants où l'entraide et la générosité étaient valorisées. Un jour, les parents furent convoqués à l'école. Leur fils aîné avait, semble-t-il, un grave problème: il n'était pas du tout compétitif! Au cours d'un exercice, il avait préféré aider d'autres enfants plutôt que de concentrer ses efforts pour obtenir le meilleur résultat. Les parents ont expliqué à l'enseignant l'importance de la collaboration dans leur famille et ont appuyé le comportement de leur fils. Être en contact avec ses valeurs implique dans bien des cas qu'il faille être prêt à les défendre.

Dans nos sociétés, les valeurs dominantes vont très souvent à l'encontre de nos idéaux personnels, de notre désir de vivre en harmonie avec notre absolu. Les pays industrialisés ne cherchent pas à développer des solidarités; ils accentuent plutôt les différences afin de susciter la compétition. À plus petite échelle, nous adoptons des valeurs semblables; par exemple, nous établissons des relations hiérarchiques en fonction du statut social, du prestige et du pouvoir des gens. Nous qualifions les relations en créant des rapports de domination. Le conducteur d'une voiture de grand luxe représente à nos yeux plus qu'un heureux propriétaire: il devient une personne intelligente et compétente! Il est perçu comme beaucoup plus important et digne de respect que la préposée au stationnement où il gare sa voiture. Car nous associons valeur personnelle et possession matérielle. Que se passerait-il si, dès aujourd'hui, nous traitions avec autant de respect la préposée au stationnement et le propriétaire de voiture de luxe? Que deviendrait notre milieu si tous et chacun étaient considérés avec dignité? Et si notre capacité d'être humain devenait un baromètre de valeur personnelle, nous serait-il possible de dévaloriser une personne par rapport à une autre?

Les gens intègres sont certes souvent plus aimables ou généreux. Mais sont-ils supérieurs pour autant? Et ce père incestueux que je retrouve devant moi au tribunal, vaut-il moins que moi? Non! Il mérite le même respect et est aussi digne que chacun de nous. Cet homme est beaucoup plus que les gestes répréhensibles qu'il a commis. Il est un humain porteur d'absolu comme nous tous. Il se peut que sa route soit difficile, souffrante, peut-être plus pénible que celle de plusieurs d'entre nous. Il se peut qu'il ait commis des actes inacceptables. Mais il n'a et n'aura jamais moins de valeur qu'une autre personne, même si je dois prendre des mesures sévères pour protéger son enfant.

Aujourd'hui, beaucoup d'entre nous repensent leurs valeurs et réfléchissent au fait que richesse, gloire et puissance ne sont pas gages de bonheur. Dans de multiples domaines, on effectue un retour vers l'intériorité. Les gens remettent en question les idéologies basées sur l'avoir au détriment de l'être. La notion de légèreté, qui revient souvent dans divers milieux, en est un exemple.

Cette légèreté est associée à la mobilité, à la capacité d'adaptation qui permet d'accéder à l'harmonie. Elle s'oppose à la rigidité, à la lourdeur souvent associées à la propriété. De plus en plus de personnes ressentent que les biens matériels qu'ils désiraient et qui leur apportaient sécurité à un moment précis de leur existence, deviennent ce qui les étouffent et les empêchent d'avancer. Or ce n'est pas la possession d'une maison ou d'un emploi permanent qui freine notre évolution, mais notre propre résistance au changement. La légèreté, c'est avant tout une conception plus souple et fluide de la vie. Bien sûr, elle peut se traduire par une importance relative accordée à la propriété matérielle, mais c'est surtout en acceptant le changement comme partie intégrante de la vie qu'on y parvient. Notre vision de l'existence nous amène alors à percevoir les changements d'une façon positive et détermine notre façon d'être dans ce monde en constante effervescence. Et de nouveau, nous revenons à l'influence du regard que nous posons. Qu'il soit posé sur l'enfant, sur l'homme ou sur la vie, il a le pouvoir d'en déterminer le sens.

La croyance profonde que nous portons tous un absolu nous incite à retourner en nous-mêmes pour y puiser l'essentiel. Au-delà de nos dires et de nos actions, quel esprit nous guide? Quelles valeurs retrouvons-nous au fond de notre être? Lesquelles sommes-nous prêts à défendre? Alors que peu à peu la collaboration, la légèreté, la générosité, la compassion reprennent place dans nos vies, émerge en nous le souci d'agir en cohérence avec ces valeurs. Avons-nous assez d'estime de soi pour autoriser l'autre à être différent? Avons-nous assez de confiance en nous-mêmes pour reconnaître nos erreurs et ainsi permettre à l'autre de se tromper? Sommes-nous assez en contact avec notre spiritualité et nos valeurs pour nous sentir en harmonie et soutenir l'autre dans l'écoute de son autorité intérieure?

Reprendre contact avec la dimension spirituelle de notre vie, c'est donner un sens à notre quotidien. Cet investissement nous amène à découvrir en nous le courage d'agir selon nos valeurs. À travers ce processus de réappropriation de nous-mêmes, c'est toute notre façon de voir nos enfants qui s'en trouve modifiée. Et cette ouverture nous pousse à être plus près de l'enfant que nous portons en nous.

Aimer l'enfant en soi

> *L'affirmation de notre vie, de notre bonheur, de notre croissance et de notre liberté, s'enracine dans notre capacité d'aimer, c'est-à-dire dans la sollicitude, le respect, la responsabilité et la connaissance. Si quelqu'un est capable d'amour productif, il s'aime également; s'il ne peut aimer que les autres, il n'aime en aucune façon.*
>
> ERICH FROMM[4]

Nous avons tous vécu des souffrances et des joies dans notre enfance. C'est ce qui constitue le fondement de nos forces et de nos faiblesses d'adultes. Trop souvent nous avons laissé cette enfance derrière nous. S'est alors interrompue la communication avec notre richesse intérieure de même qu'avec nos enfants.

Aimer nos enfants et faire œuvre d'éducation envers eux, se vit en renouant contact avec l'enfant en nous, en l'acceptant, en l'aimant. C'est notre première responsabilité. Il nous faut réapprivoiser notre enfance si nous voulons accéder à la réalité de nos enfants.

Connaissez-vous l'enfant en vous? Ce petit coquin, cette petite enjouée qui voulait tout découvrir, tout explorer? Lui permettez-vous de s'exprimer, de vous interrompre, de vous faire découvrir de nouveaux aspects de votre univers et de celui de vos enfants?

Lors d'une audition, un père de famille me révélait qu'il était en colère contre sa fillette de 10 ans parce qu'elle avait préféré fêter au centre d'accueil plutôt que de sortir avec ses parents. L'homme, qui voulait inculquer à sa fille l'importance des valeurs familiales, réagit fortement au choix de son enfant. Je lui demandai de fermer les yeux un instant, de retrouver le petit garçon qu'il était à 10 ans. «Imaginez-vous que vous avez 10 ans, que vous avez passé l'année au pensionnat et des mois à préparer les célébrations de fin d'année, lui dis-je. Où voulez-vous être au moment de la fête?» Ce parent en colère a effectivement fermé les yeux et, l'espace d'un instant, s'est retrouvé en culottes courtes... Il a rougi... En ouvrant les yeux, il n'était plus fâché. Le petit garçon en lui avait compris sa fillette de 10 ans... Les retrouvailles avec l'enfant en chacun de nous sont source d'une véritable connaissance et acceptation de nos petits.

L'enfant en nous, c'est l'émotion, la sensibilité, la joie de découvrir. Pour la majorité d'entre nous, la capacité de ressentir s'est atténuée au fil des années, entre autres à cause de l'éducation que nous avons reçue. Plusieurs émotions, l'émerveillement par exemple, désemparent les adultes conformistes que nous sommes souvent devenus. À notre âge, nous maîtrisons bien l'art de contrôler nos émotions. Nos scrupules disparaissent et il nous devient alors facile de jeter une cannette vide dans un paysage de soleil couchant. Pleurer parce que c'est très beau paraît plutôt insensé. Et pourtant, doit-on se féliciter de parcourir des décors époustouflants sans frémir? Est-ce le goût de vivre que nous voulons conserver et transmettre à nos enfants? Où est donc passé l'insatiable désir de découverte de l'enfant en nous? Pourquoi acceptons-nous de vivre insensibles, en êtres programmés?

Nous avons tous assisté à des rencontres officielles. Tout y est minuté, emmitouflé de décorum, guindé de protocoles. Avez-vous remarqué des personnes restées en contact avec ce qu'elles sont? Celles qui rient lorsque ce n'est pas prévu, osent pleurer même si c'est interdit, sont généreuses même quand ce n'est pas payant? Ces personnes écoutent leur enfant intérieur; elles lui permettent de participer à leur vie d'adulte. En étant en contact avec nos émotions, la vie prend une tout autre saveur. Qu'un soleil couchant nous émerveille, qu'un changement de couleur automnale nous émeuve jusqu'aux larmes, n'est-ce pas ce qui rehausse le quotidien?

Renouer avec la vitalité de notre enfance nous amène aussi à retrouver notre souffrance d'enfant. C'est un chemin difficile mais nécessaire, que nombre d'adultes résistent à entreprendre. La souffrance qui nous habite depuis l'enfance devient le mal de vivre de notre vie d'adulte. Mais le fait d'entrer en contact avec ce qui nous a fait mal enfants, nous permet de nous en libérer. Sinon, nous demeurons prisonniers de la violence subie au fil de notre propre développement et nous nous condamnons à la répéter, à l'imposer aux autres, dont nos enfants. Si, comme adulte, je ne veux connaître ni accepter ma peur, comment pourrais-je rassurer l'enfant qui me dit la sienne? Si je ne ressens plus la brûlure de l'humiliation, comment puis-je comprendre la douleur de cet enfant humilié?

Certains parents, malgré tout l'amour qu'ils portent à leurs enfants, ne parviennent pas à répondre à leurs besoins, alors l'État doit intervenir dans leur vie. Il y a quelque temps, une belle jeune femme de 26 ans, toxicomane, s'est présentée devant moi à la cour. Elle vivait dans un minuscule appartement et n'arrivait plus à nourrir son bébé de 2 mois. Elle semblait totalement incapable de s'en sortir. Son argent lui permettait d'obtenir drogue et boisson, mais à peu près rien pour son enfant, qui commençait sérieusement à la déranger. Les cris du bambin affamé ne lui rappelaient en rien le petit être dont elle avait rêvé, quelqu'un qui aurait besoin d'elle, qui l'aimerait. Au tribunal, j'ai tenté de connaître cette jeune mère, de comprendre sa douleur à travers son vécu et la négligence qu'elle manifestait envers son enfant. «Qu'est-ce qui vous a détruite quand vous étiez petite? lui ai-je demandé. Qu'est-ce qui vous a fait si mal?» Silence... elle a baissé les yeux, s'est repliée... Elle s'est mise à pleurer... longuement, doucement comme si les larmes venaient du plus profond de son être. D'une petite voix, à peine un filet, elle a murmuré quelques mots de son passé, de mauvais traitements, d'inceste, de rejet... La jeune femme n'avait jamais révélé ces agressions. Vingt ans de silence, des années de souffrance durant lesquelles elle avait tenté de noyer dans l'alcool et la drogue la douleur d'une situation camouflée! Jusqu'à ce jour, les efforts pour l'aider à s'occuper de son bébé s'étaient avérés vains, car sa propre douleur n'avait jamais été entendue. Elle était incapable de sentir l'autre, même son enfant!

À cette petite fille agressée, terrée derrière cette femme de 26 ans, j'ai parlé avec douceur. Avec chaleur, j'ai tenté de rassurer cette fillette apeurée. Avec amour, j'ai tendu la main à cette mère honteuse afin de l'aider à reconnaître sa propre souffrance. Accepter de faire confiance a été libérateur pour cette jeune femme. C'était enfin briser le silence et nommer sa propre souffrance. C'était laisser parler la fillette maltraitée qu'elle n'avait jamais cessé d'être. Un premier pas pour commencer à s'aimer... Car il ne s'agit souvent que d'un peu d'amour...

L'ouverture apaisante, la compréhension chaleureuse avec laquelle nous écoutons un enfant, traduisent l'amour que nous lui portons. En traitant cette jeune mère avec dignité, en accueillant la fillette meurtrie à l'intérieur d'elle, en lui accordant toute l'écoute nécessaire pour la comprendre, je n'ai fait que l'assurer de mon amour. L'enfant en nous a besoin d'être écouté, aimé, accompagné. Accueillons-nous avec amour la souffrance de l'enfant que nous portons en nous? Lui accordons-nous le droit d'être triste, en colère, égaré? Le rassurons-nous lorsqu'il a peur? Le berçons-nous quand il a mal? L'enfant que nous sommes a besoin d'être aimé pour guérir ses douleurs.

Agir comme un bon parent envers nous-mêmes, être attentifs à nos émotions contribuent à notre sentiment d'unité. C'est une façon de nous sentir vivants, en harmonie avec nous-mêmes. Aimer l'enfant en nous, vivre en cohérence avec nos émotions et nos valeurs, quel bel idéal! La vie en est d'autant enrichie, savoureuse, pétillante! Et même, à maints égards, beaucoup plus facile. Essayer de plaire à tous et à chacun nous importe peu, car nous tentons de vivre en cohérence avec nous-mêmes. Le savoir de l'autre ne saurait nous menacer, il ne peut que contribuer à notre propre apprentissage. La réussite de l'autre ne nous rend plus malheureux; elle nous incite au contraire à nous dépasser. Notre peur devant la compétence de l'autre, notre rigidité face aux règles à suivre témoignent souvent de notre manque de confiance à l'égard de nos voix intérieures. De cette absence de sécurité naît très souvent notre besoin de plaire aux autres, de faire partie du groupe.

Côtoyez-vous des gens qui se démarquent dans la foule anonyme et qui vivent en contact avec leurs émotions? Des gens créateurs, innovateurs? Des gens habités par la fraîcheur de l'enfance, qui transpirent la joie de vivre, qui rayonnent de leur goût de découvrir? Car l'émotion nous porte à l'action;

elle est énergie, mouvement, et cherche constamment à s'exprimer. Pour occulter notre colère, notre joie, notre tristesse, il nous faut les nier, et ce blocage nous épuise. Nous nous sentons alors en perte d'énergie, en porte-à-faux avec nous-mêmes. Au contraire, libérer cette émotion décuple notre énergie. Canaliser cette énergie, c'est retrouver le plaisir d'agir de façon cohérente, d'être unifiés. Une rencontre avec nous-mêmes nous donne accès à de véritables rencontres harmonieuses avec les autres.

Développer le courage de vivre en harmonie

> *L'amour est donc une forme de travail ou bien une forme de courage. Plus précisément, c'est le courage ou le travail ayant pour but l'évolution spirituelle.*
>
> SCOTT PECK[5]

Quotidiennement, nous faisons face à des situations où nous nous sentons en désaccord avec nous-mêmes. Nous acquiesçons à des demandes qui ne nous plaisent pas plutôt que d'oser dire non. Nous gardons silence malgré notre envie de parler. Nous acceptons un travail qui va à l'encontre de nos convictions… Pour chacune de ces situations, il nous faut prendre conscience de l'émotion que nous ressentons et choisir de la respecter. Il nous sera alors possible de réagir en affirmant ce que nous sommes.

Lors d'un repas auquel j'étais conviée, un des invités a spontanément annoncé qu'il avait deux blagues à nous raconter. Aussitôt, il enchaîna avec une première histoire, outrageusement sexiste. Quelques personnes lui ont concédé un sourire timide. En colère, j'ai baissé la tête en signe de désapprobation. Puis j'ai poliment exprimé qu'il me serait très difficile d'entendre une deuxième histoire si elle s'avérait de même nature. Pour oser dire ce qui me choquait, j'ai dû passer outre mon désir de plaire et de bien paraître aux yeux de tous. Le fait d'être en contact avec mon émotion m'a permis d'exprimer mon désaccord et de m'apercevoir que les autres pensaient également comme moi. Il n'a pas raconté sa deuxième blague...

Cet exemple n'est en rien exceptionnel; constamment, nous avons à choisir de respecter nos valeurs et de vivre en cohérence avec celles-ci. C'est un apprentissage quotidien, accompagné d'erreurs, d'incertitudes et de réussites. Chaque réussite devient une victoire sur nos peurs et nous donne le goût de poursuivre et d'oser nous affirmer davantage. Je ne puis cesser de répéter inlassablement combien nos enfants ont besoin d'entrer en relation avec des adultes solides et cohérents. En osant agir en harmonie avec ce que nous sommes, nous autorisons nos enfants à faire de même et ainsi à se développer en restant en contact avec eux-mêmes. C'est l'essence d'une éducation qui ne leur sera pas violence.

Peut-être est-ce cette fidélité à moi-même que mes parents m'ont permis de préserver par leur façon de vivre en cohérence avec leurs valeurs! Je me souviens entre autres de deux situations où ils se sont levés pour défendre leurs convictions. Ma sœur est une artiste. Déjà toute jeune, elle prenait des cours de chant, de peinture et de piano. Avec un rien, elle fait des merveilles et excelle dans toutes les activités créatives. À l'école, elle préférait le dessin à la composition littéraire, la peinture aux cours de mathématiques, bref ses résultats scolaires étaient très moyens. Pour l'inciter à mieux étudier, les enseignantes avaient décidé de la réprimander en lui interdisant de dessiner. Lorsqu'elles ont rencontré mes parents pour les en informer, ceux-ci se sont catégoriquement opposés à ce traitement, qui leur semblait cruel et inutile. Pourquoi punir leur fille en la privant de ce qui la rendait heureuse? Que serait-il arrivé si mes parents n'avaient pas défendu ma sœur, qui était différente des autres élèves de la classe? À une autre occasion, lors d'une assemblée de parents, mon père s'est levé pour s'opposer aux décisions des enseignantes qui refusaient d'introduire la musique populaire à l'école. C'était l'époque d'Elvis Presley. Parce qu'ils n'ont pas de voix, les enfants ont besoin d'adultes courageux et compétents qui acceptent de prendre la parole pour les défendre et agir. C'est en ayant le courage de défendre nos convictions que nous permettons aux enfants de se développer en gardant contact avec ce qu'ils sont.

Cette même exigence de cohérence se retrouve dans le monde du travail. J'ai largement illustré comment des normes administratives occultent le vrai sens du travail dans divers milieux. Je me souviens d'avoir entendu à la cour des intervenants courageux affirmer ce en quoi ils croyaient. Par exemple, une travailleuse sociale m'a demandé de prolonger les mesures de protection d'un jeune au-delà de ses 18 ans en dépit des règles administratives qui interdisaient de telles requêtes. À cause des coûts supplémentaires qu'exige une telle démarche, elle savait qu'elle serait blâmée par ses superviseurs, et, de fait, elle l'a été. Pourtant, c'était la seule mesure respectueuse de l'intérêt de ce jeune!

De même, cet éducateur en centre d'accueil qui a osé dire à la cour que l'enfant abandonné dont il s'occupait n'avait nul besoin de rééducation, mais d'un milieu stable et sécurisant comme une famille d'accueil. Il lui a fallu affronter avec courage la désapprobation de tous ses collègues et supérieurs enclins à laisser le jeune là où il était.

Et cet enseignant qui, constatant les besoins particuliers d'une jeune élève, a décidé de mettre de côté le programme pour prendre le temps de la sécuriser. Et cet administrateur qui, découvrant un conflit d'intérêts, a osé révéler la situation à ses supérieurs.

Sans cesse sollicités pour répondre aux normes plutôt que de servir l'enfant, le client, le patient, nous devons développer le courage de rester fidèles à notre mission. Cette exigence demeure la même envers un enfant victime d'inceste, un patient atteint d'une maladie chronique, un concitoyen au chômage... Malgré la matière à enseigner, la piqûre à donner, le formulaire à remplir, ce que nous devons avant tout rechercher, c'est la personne; des personnes dignes de respect qui sont et doivent rester la raison d'être de notre travail.

Ces divers exemples illustrent la nécessité de reprendre du pouvoir dans notre vie. Continuellement éloignés du véritable sens de notre travail, nous devons souvent nager à contre-courant pour le retrouver et y rester fidèles. C'est une lutte incessante pour ne pas participer à une chaîne de violence sans fin où trop d'enfants deviennent victimes de leurs parents, eux-mêmes aliénés par des employeurs ou encadrés par des experts, qui, à leur tour, sont dirigés par des administrateurs à la merci des fonctionnaires qui gèrent des budgets votés par des politiciens... Reprendre du pouvoir sur notre vie se fait donc dans toutes les sphères de notre quotidien et a de nombreux impacts sociaux.

D'autre part, traiter un enfant avec dignité, agir avec courage pour l'aider à grandir, crée un mouvement positif. En affirmant nos valeurs, nous réalisons souvent que plusieurs de nos collègues de travail partagent nos convictions. L'ouverture nous fait prendre conscience que d'autres aussi ont peur et éprouvent les mêmes difficultés. Nous craignons tous d'être fidèles à nos croyances! Nous sommes effrayés de perdre notre emploi, d'être rétrogradés d'un poste intéressant, ostracisés par des collègues, boycottés par nos supérieurs, mis à l'écart de nouveaux projets. Ces peurs trop souvent nous paralysent et enfreignent notre désir de vivre en harmonie avec ce que nous sommes.

De même, le sentiment d'être seul freine notre action. Mais cette impression est bien souvent fausse. Fréquemment, c'est l'action qui nous amène à découvrir qu'un autre a revendiqué la même chose avant nous, soutenu la même opinion, ou obtenu gain de cause récemment dans une situation semblable. De là l'effet d'entraînement qui contribue à solidifier notre courage. L'action crée une ouverture qui, bien souvent, suscite la solidarité, le rapprochement et la prise de conscience que nous ne sommes pas seuls, bien au contraire. Peu à peu, une chaîne se crée. Centrés sur notre véritable mission — servir les autres —, nous nous retrouvons au cœur d'un mouvement qui nous ressemble davantage.

Pour nous respecter, pour nous engager envers d'autres de façon responsable, nous avons tous besoin de nous sentir appuyés. De plus en plus d'adultes tiennent compte de leurs besoins de solidarité et tentent d'y répondre en créant des lieux de soutien pour maintenir leur loyauté face à eux-mêmes et aux enfants, aux patients ou aux clients qui sont le centre de leur travail.

Autour de nous, les expériences d'entraide entre collègues se multiplient, des outils de soutien dans les milieux de travail sont mis sur pied. Ici des parents se regroupent pour échanger sur les diverses facettes de l'éducation de leurs enfants; là des enseignants se retrouvent pour mettre en commun leurs inquiétudes et pour aider un enfant; tout près des intervenants décident de mettre à profit leurs expertises professionnelles en créant une équipe multidisciplinaire. Partout, un point de départ similaire: un adulte qui a osé parler, agir en conformité avec ses convictions. C'est un acte de courage individuel qui mène à l'entraide et à la responsabilité collective.

Ce même dynamisme s'observe autour des familles biologiques. Pour faire face aux nouvelles réalités sociales, pour combler leurs besoins d'appartenance, de nombreux adultes se choisissent une famille psychologique. En êtres responsables, nous nous choisissons des amis, nous nous créons un réseau de soutien. Certains se redonnent des grands-parents, des oncles et des tantes, des frères et des sœurs! Il faut trouver des gens avec qui échanger, s'entraider: c'est à partir de ces liens que s'enracine notre sentiment d'appartenance.

C'est également la solidité de cet appui qui constitue la base de l'amitié. L'amitié devient un lieu par excellence pour se sentir compris et aimé. Des amis qui nous acceptent avec nos peurs et nos joies, qui ne jugent ni nos maladresses ni nos bévues, qui accèdent à notre présent en nous y accompagnant. Le fait de retrouver des personnes significatives nous permet de nous ressourcer. Francesco Alberoni disait:

> Un ami est donc celui qui me rend justice au sens profond et fondamental du terme. La vie peut être juste ou injuste. Mais, en appréciant en moi une qualité que personne n'avait encore valorisée, en m'accordant son estime quand les autres me témoignent du mépris, un ami me rend justice, au sens profond du terme[6].

Ainsi se crée un réseau d'entraide, d'amis, qui nous permet de nous vivifier en nous rappelant cette merveilleuse réalité: chacun de nous est digne d'amour.

Créer de telles alliances nous protège contre la solitude. Le soutien des autres nous aide à affronter des maladies ou des épreuves. Récession, chômage, conditions de vie difficiles rendent l'appui d'amis, de personnes significatives d'autant plus important. Les mouvements de solidarité, d'entraide offrent à de nombreux adultes la possibilité de se sentir importants pour quelqu'un et l'occasion de créer des liens. Un sixième de la population du Québec — plus d'un million de personnes — recrée des réseaux grâce à l'action bénévole; ce sont des gens généreux et de toutes origines qui vivent des histoires d'amour fascinantes. À travers ces gestes d'amour, que ce soit distribuer de la nourriture à des personnes à domicile, visiter des malades à l'hôpital, ou organiser des activités pour des gens seuls, l'essence reste la même: écouter, agir, accompagner. Des liens se tissent, des échanges se créent, des rencontres se vivent. La compassion, l'écoute, l'aide qu'on peut y retrouver sont fabuleuses. L'adulte bénévole devient un membre de la famille, la personne aidée devient significative pour le bénévole, et l'attachement est créé! Bien sûr, ça n'arrive pas à tout coup, mais il suffit d'une seule rencontre pour provoquer en soi, en l'autre, le désir de continuer et d'oser s'ouvrir pour créer de nouveaux liens.

De telles situations sont fort précieuses pour les personnes engagées. Elles deviennent des lieux d'échange où l'un et l'autre se sentent appréciés, valorisés, utiles, où tous deux peuvent donner et recevoir. Car les liens de solidarité et d'amitié naissent d'une véritable rencontre. Dans cet échange, il n'y a plus de bénévole et d'aidé; il n'y a plus que deux personnes qui se font confiance.

Autour de nous, tout près, de nombreux adultes prennent conscience de ce qu'ils sont, de leurs besoins, et inventent de nouvelles façons d'y répondre. Des réseaux basés sur l'amitié et la collaboration permettent à nombre d'entre nous de tisser des liens. Tranquillement, ce nouveau tissu social que nous créons remplace la famille élargie que nous avons perdue. Ce mouvement nous amène une richesse nouvelle. À mesure que nous prenons conscience de nos besoins de soutien et de solidarité et que nous trouvons des moyens concrets pour les satisfaire, nous pouvons plus facilement jouer notre rôle d'éducateurs envers nos enfants. Assumer pleinement cette responsabilité à l'égard de nos jeunes nous demande de renouer avec notre sens de la vie. Prendre contact avec ce que nous sommes, nous amène à faire des gestes souvent courageux pour vivre de façon cohérente.

Il m'arrive de penser que nous, adultes, commençons à peine à prendre conscience de l'absolu qui nous habite, qui veut se manifester, envahis comme nous le sommes par un monde de consommation. Les enfants qui arrivent au monde dans ce contexte social en profonde mutation s'adaptent tant bien que mal. Plusieurs savent d'instinct ce qui est important. Nombre d'entre eux sont sensibles dès le bas âge à la pollution, à l'environnement, à la menace d'une guerre nucléaire. Ils sont souvent plus préoccupés que nous par ces problèmes d'envergure. Ils grandissent conscients de la nécessité de s'entraider, de préserver la nature, de mettre un terme à la violence. Comme parents, comme enseignants, comme intervenants, comme décideurs, nous laissons-nous interpeller par nos enfants?

Les enfants peuvent, à bien des égards, nous montrer le chemin. En acceptant de les écouter, de nous remettre en question, de renouer contact avec notre âme d'enfant, nous pouvons retrouver notre capacité d'évoluer, de vivre tout simplement! Ce n'est qu'ainsi que nous pourrons autoriser nos enfants à trouver en eux-mêmes l'absolu qui les habite.

Un enfant ne peut que grandir sous le regard aimant d'un parent, et un adulte ne peut qu'apprendre en accompagnant un enfant dans son développement…

Chapitre VIII

Aider un enfant à grandir

> *J'ai découvert plus tard, progressivement, qu'à cette phrase,* je suis, *on ne peut rien ajouter sans la minimiser... Le je suis, c'est l'absolu catégorique.*
>
> ABBÉ PIERRE[1]

L'enfance est une période privilégiée où le monde entier nous attire, où le goût de tout découvrir nous fait vibrer. Bien que l'enfant soit le premier artisan de sa vie, nous avons vu comment l'éducation qu'il reçoit peut entraver sa croissance et devenir synonyme de violence. Il importe donc de repenser notre intervention éducative afin qu'elle soutienne les enfants dans leur développement. Voilà ce qui mettra fin à toute cette brutalité qu'on leur inflige.

Dans ma pratique d'avocate et de juge, j'ai vu beaucoup d'enfants violentés, bloqués dans leur développement, reprendre confiance et goût en la vie. Derrière chacune de ces réussites se cache toujours une histoire d'amour avec un adulte qui lui a dit: «Je crois en toi! Va chercher la réponse en dedans de toi, trouve ce qui t'habite, je vais t'aider à le faire.»

Un adulte qui a accepté d'accompagner un enfant qui s'est laissé apprivoiser et aimer. J'ai la certitude que l'amour est essentiel pour faire œuvre d'éducation.

L'amour vécu à travers cette vraie rencontre avec un adulte est une clé essentielle à la croissance de tout enfant. Pour les jeunes blessés que je côtoie, c'est une clé primordiale de leur guérison. C'est dans cette rencontre avec un adulte qui croit en lui que l'enfant puise l'autorisation de se respecter. Dans la continuité de cette rencontre, il retrouve le sentiment d'être important pour quelqu'un. Dans cette histoire d'amour, il enracine son désir de vivre, de grandir. Par la voix de son Petit Prince, Saint-Exupéry disait avec sagesse: «On est responsable de ce que l'on apprivoise.»

Écouter le langage des enfants

C'est l'amour médiatisé par un dire qui permettra à l'enfant de s'épanouir et de devenir source de désir pour les autres.

FRANÇOISE DOLTO[2]

Comme je l'ai mentionné au chapitre précédent, pour aider un enfant à grandir, nous devons d'abord et avant tout nous connaître en tant qu'adultes et renouer avec notre enfant intérieur. Ce n'est qu'à travers notre expérience d'enfant que nous devient accessible l'expérience de nos petits. Il importe de rappeler ce leitmotiv comme fil conducteur du présent chapitre. Nous ne pouvons aider un enfant à grandir que dans la mesure où nous acceptons nous-mêmes d'être en constant apprentissage.

Faire œuvre d'éducation, c'est d'abord connaître l'enfant et l'aimer. L'enfant n'est pas un adulte en miniature; il est un monde en soi, avec ses besoins, ses désirs, ses émotions, son langage. C'est à travers une communication vivante, basée sur l'écoute et la parole que cette connaissance s'acquiert et permet au jeune de se définir. La communication permet à l'enfant de naître à sa condition d'homme, de femme. Elle devient source de connaissance pour l'adulte. Elle est avant tout un lieu d'apprentissage pour chacun. Mais le premier pas à faire pour connaître un enfant et pour entrer en communication avec lui, c'est de l'écouter.

De nos jours, cette affirmation peut paraître superflue. Cependant, la parole des enfants a longtemps été ignorée, occultée, banalisée. Les enfants, tout comme les femmes, étaient considérés les propriétés des hommes; les conflits familiaux étaient du domaine privé où personne n'osait intervenir. Au fil du temps, la situation des femmes s'est améliorée, mais la triste réalité des enfants perdure. Malgré l'évolution des mentalités et des sociétés, il est surprenant de constater à quel point le vécu des jeunes demeure emmuré de silence. Je constate ce fait très régulièrement au tribunal où des enfants témoignent de leur isolement. Ils n'avaient personne à qui se confier, personne pour les écouter ou les croire! Alors ils se sont enfermés dans le silence.

L'histoire peut certes nous aider à comprendre l'absence d'écoute envers nos enfants, tout comme leur non-rentabilité économique, politique et même leur inexistence sociale peuvent nous amener à comprendre comment ce non-dit se perpétue encore aujourd'hui. Il importe de réaliser que notre conception même de l'enfant contribue à maintenir cette situation. Je crois qu'à bien des égards, l'image du contenant vide que l'on remplit correspond encore à la perception plus ou moins consciente que beaucoup d'adultes ont des jeunes. À cette conception, se lie notre mode de communication avec eux. L'adulte sait ce qui est bon pour l'enfant; il peut dicter, ordonner, exiger. Il n'a pas besoin d'écouter ni de connaître. Rares sont en effet les contenants vides qu'on écoute, qu'on trouve dignes d'intérêt ou crédibles! Notre communication nie trop souvent à l'enfant le droit de s'exprimer parce qu'elle nie qu'il est!

Un ami, père de deux enfants, me racontait un jour qu'un de ses fils éprouvait d'importantes difficultés scolaires. Son bambin ne voulait plus aller à l'école. Inquiet, ce père me demanda ce qui pouvait provoquer les problèmes de son garçon. «Pourquoi ne poses-tu pas cette question à ton fils plutôt qu'à moi?» lui dis-je. Il a paru surpris de cette remarque, et même un peu déçu. Mais il a questionné son garçon à ce sujet. Son fils lui a répondu qu'il avait peur; il croyait que pendant son absence, ses parents profitaient de la journée pour jouer avec son frère et que lui seul était privé de ces activités familiales. Son père s'est empressé de rectifier cette impression: les deux parents travaillaient et son frère allait à la garderie. Complètement rassuré, son fils est retourné à l'école le cœur léger! Un échange, une écoute, un accueil. Cet exemple illustre la nécessité d'écouter nos enfants. Cette communication devient d'autant plus importante considérant le peu de temps disponible pour l'échange entre parents et enfants. Après le travail, les activités scolaires et parascolaires, les obligations sociales, nous sommes épuisés; quelles énergies nous reste-t-il à consacrer à nos jeunes?

Je trouve tellement triste ce que vivent nos «enfants à clés». J'ai 50 ans et en rentrant chez moi, s'il fait sombre et que ça ne sent rien, je trouve cela terne et ennuyant. Qu'en pensent nos enfants de 7, 8 ou 9 ans qui entrouvrent la porte de leur maison, sans vie, sans odeur, sans lumière? Prenons-nous le temps de leur demander ce qu'ils ressentent? Et savons-nous ce que vivent nos jeunes de familles reconstituées? Plusieurs nouveaux conjoints entrent dans une relation de couple en disant: «Moi, je ne m'occupe pas de ces petits, ce ne sont pas les miens!» Que ressent l'enfant qui vit dans une maison où l'amoureux de maman ou l'amie de papa l'ignore totalement?

Lorsqu'un enfant passe une fin de semaine chez son père et sa nouvelle conjointe, cette rencontre peut être synonyme de stress, de violence comme d'une belle expérience. L'enfant doit s'adapter à de nouveaux lieux, à d'autres habitudes alimentaires et à diverses façons de se comporter. Voilà que la nouvelle amie de papa assaisonne la sauce pour la rendre bien piquante alors qu'il n'aime pas les épices! Chez maman on prend le bain avec des algues marines; chez la nouvelle amie de papa, c'est avec de la mousse. Ces adaptations, en apparence banale, font partie du quotidien d'un grand nombre de nos enfants alors que le taux de divorce au Québec s'élève actuellement à 46,6 p. 100.

Pour connaître les enfants et les aimer, il est essentiel d'écouter leur langage. Et ce langage dépasse de beaucoup la parole. Les enfants ne maîtrisent pas l'art oratoire; ils ne savent pas jouer avec les mots autant que nous, adultes, qui sommes souvent passés maîtres dans ce domaine au point de pouvoir dire le contraire de nos pensées. Heureusement, beaucoup d'enfants disent encore ce qu'ils pensent, sans détours. Mais plusieurs ne savent comment parler de ce qu'ils ressentent ou n'osent dire ce qu'ils vivent. Alors, ils nous l'expriment de mille façons, par leurs rires, leurs pleurs, leurs maladies, leurs délits. Ils cherchent désespérément à communiquer avec nous. Il importe d'écouter leur langage; à travers leurs rêves, leurs actions, leurs silences, ils nous communiquent souvent ce qu'ils ne peuvent verbaliser.

Une recherche sur les enfants turbulents en maternelle[3] a démontré qu'ils sont susceptibles de devenir plus tard les jeunes délinquants. Pourquoi au juste ces enfants sont-ils turbulents dès la maternelle? Ont-ils été écoutés dans leur famille? Quelle place a-t-on faite à leur individualité, à leur expérience? Comment a-t-on répondu à leur besoin de communiquer? Si écouter un enfant qui nous ressemble va de soi, accepter un autre si différent peut s'avérer très exigeant. Comment écouter cet enfant qui ne parle pas comme les autres? Et le petit dernier qui n'est jamais satisfait des réponses données? Et ce jeune qui ne cherche qu'à dessiner ce qu'il voit? Un enfant différent peut nous bousculer et nous remettre en question. Souvent l'incertitude ou la peur nous incitent à réagir: nous voulons contrôler l'enfant, le faire taire ou le rendre conforme à nos attentes. Écouter nos enfants avec amour implique une ouverture à ce qu'ils sont, tant dans les aspects qui nous ressemblent que dans ceux qui nous sont étrangers.

La connaissance de nos jeunes nécessite également acceptation et compréhension de notre part. Acceptation de ce qu'ils vivent, comme de leur façon de nous le communiquer; compréhension de leur vécu grâce à la connaissance qu'on en a, à l'écoute qu'on a manifestée. Tout comme chacun de nous, les enfants transportent leur bagage d'expérience. À ce propos, certaines écoles se glorifient de ne rien connaître sur un enfant lors de son admission afin de poser sur lui un regard neuf, libre de préjugés. J'estime au contraire que cette position ne nous permet pas de connaître un enfant dans sa totalité.

À l'inverse, j'invite à connaître l'enfant dans son ensemble, à le découvrir en lien avec ce qu'il vit. Le fait de savoir que Paul a vécu une cinquième année très difficile parce qu'il a fortement réagi au divorce de ses parents nous donne un éclairage important sur lui. Il n'est plus alors uniquement qu'un élève à problèmes... Paul devient un enfant qui a vécu un événement marquant. Toutefois, la teneur de l'information transmise sur Paul ne détermine pas notre réaction face à lui. Ce qui importe, c'est le regard d'amour ou de violence que nous posons sur lui. Comme enseignant, comment réagissons-nous à l'arrivée de Paul? Notre attitude traduit-elle une pensée du genre: «Regarde le petit monstre qui s'en vient dans ma classe!» ou marque-t-elle l'acceptation: «Je vais accueillir cet enfant avec beaucoup d'amour cette année!» Une information primordiale sur le vécu d'un élève peut susciter des réactions fort différentes chez un enseignant. Notre façon de regarder cet enfant colore ainsi notre interprétation de l'information transmise à son sujet. Si nous l'aimons, il sentira notre compréhension à travers nos actions et l'attention qu'on donne à son travail en classe et à ses réactions. C'est dans la communication, dans notre écoute et à travers l'intérêt que nous portons à ses propos et à ses gestes que l'enfant se sent aimé. Cet amour lui insuffle à la fois la confiance en lui et le goût de pousser plus loin sa découverte de lui-même.

L'amour est aussi respect, acceptation et responsabilité. Le respect, c'est la capacité d'accepter une personne telle qu'elle est et de l'aimer sans vouloir la changer. J'ai déjà illustré comment trop souvent nos relations avec les enfants manquent de respect. Elles sont teintées par notre désir de les rendre conformes à notre image, à notre idéal ou à nos normes. Dans certaines situations, ne sommes-nous pas plus exigeants envers eux qu'envers nous-mêmes? Pourquoi, par exemple, leur demandons-nous de se laver les dents plus souvent que nous le faisons? Pourquoi les blâmons-nous de boire deux boissons gazeuses alors que nous vidons deux bouteilles de vin? Ne cherchons-nous pas à leur imposer la discipline que nous ne parvenons pas à suivre? Nos enfants ne pourront jamais combler nos manques, réparer nos erreurs, racheter nos fautes. Pour les aimer de façon responsable, il nous faut accepter d'être remis en question par leurs apprentissages qui diffèrent des nôtres ou de ceux des autres. L'enfant qui se sent accepté parvient à exprimer ce qu'il est; il aborde la vie avec confiance plutôt qu'en cherchant à étouffer sa nature profonde.

L'exemple de Jacques illustre bien l'importance de notre regard sur les jeunes. Grand adolescent camouflé derrière ces cheveux trop longs, il m'épiait en refusant mon regard. Je voulais le connaître mais il s'y refusait. Jacques était homosexuel, du moins le croyait-il. Il s'adonnait à la prostitution et vivait dans la rue. Je tentai d'établir un contact avec lui. Je le trouvais beau, je l'aimais comme il était et lui en fis part. Toutefois, je ne pouvais accepter qu'il se prostituât pour se sentir important. Chacune de mes rencontres avec lui me révélait une parcelle de son histoire. Son père, fier de sa propre virilité, avait rejeté ce fils qu'il ne considérait pas un homme. Jacques avait réagi à ce rejet et s'était mis à se vendre au plus offrant, en quête d'amour et d'acceptation. Je convoquai le père à la cour, convaincu qu'il me fallait le connaître pour comprendre Jacques et l'aider.

Le travail se poursuivit, avec Jacques et son père. Un jour, Jacques se présenta devant moi complètement transformé: cheveux coupés, bien mis et ragaillardi. Avec l'aide d'un excellent thérapeute, il avait accepté d'être regardé, sans honte, tel qu'il était. Que s'est-il passé pour que je puisse enfin voir briller les yeux de ce bel adolescent? Des intervenants ont cru en lui. Et son père s'est remis en question sincèrement; il a reconsidéré ses principes pour faire une place à son fils. Jacques s'est senti accepté, aimé et a mis fin à la prostitution. La dernière fois que je l'ai vu, il vivait chez son père et était retourné aux études.

Pour vraiment aimer l'autre, il faut le laisser libre, libre de partir et de devenir. Mais liberté ne signifie pas pour autant laisser-aller. À travers son interaction avec l'adulte, une interaction marquée par le respect et la liberté, l'enfant se définit et se développe. Cette communication l'aide à grandir dans la mesure où elle lui offre l'espace nécessaire pour se déployer. Mais cela implique que nous, adultes, acceptions d'apprendre et de nous dépasser au contact de l'enfant. C'est une autre façon de manifester notre amour envers lui. Aimer un enfant, c'est l'autoriser à chercher sa propre vérité en acceptant avec humilité qu'il est seul capable de la trouver.

Dernièrement, j'entendais des grands-parents parler des conjoints de leurs enfants. Ils exprimaient leur difficulté d'accepter que leurs enfants deviennent différents avec eux. Et, de fait, nous changeons au contact des autres. Le témoignage de ces aînés montre bien la difficulté que nous avons d'accepter nos jeunes tel qu'ils sont et non tel que nous aimerions qu'ils soient. Quel parent ne s'est pas demandé si son enfant l'aime autant depuis qu'il est amoureux? Avons-nous confiance inconditionnellement en ce que nos enfants peuvent devenir?

À l'aide d'un exemple personnel, Albert Jacquard illustrait le pouvoir de notre foi en l'enfant, de la puissance de notre absolue confiance en ce qu'il peut devenir. Il racontait que pendant longtemps, il avait été un élève médiocre. Un jour, il dut changer d'école et reprendre la classe dans un endroit où personne ne le connaissait. Son nouvel enseignant lui demanda: «Dans quoi êtes-vous bon, jeune homme?» Et le jeune Jacquard de répondre avec hardiesse: «Dans tout, Monsieur!» sachant très bien qu'il avait très peu réussi jusqu'à maintenant. Le lendemain, l'enseignant sollicita son opinion sur un thème du cours et il trouva la réponse de l'élève fort intéressante. Le surlendemain, la même situation se produisit. Au fil des jours, la magie s'opéra. Grâce au regard de cet enseignant qui croyait à son potentiel, Jacquard dit qu'il est devenu intelligent: «J'avais changé de statut. On me regardait autrement; je me regardais autrement[4].» C'est à travers l'écoute, le respect et la foi en ce qu'il peut devenir qu'un enfant se sent aimé et accompagné; c'est ainsi qu'il accepte de grandir pour, par et avec quelqu'un.

Croire en nos enfants dans l'action

Il sentait qu'en chaque enfant brûlait une étincelle spirituelle qui pourrait vaincre les ténèbres au cœur de la nature humaine.

BETTY JEAN LIFTON[5]

Nous trouvons de plus en plus sur notre route des jeunes qui ont été blessés, qui n'ont pas reçu l'amour nécessaire dans leur famille, dans leur environnement, des enfants qui ont besoin d'être aidés. Nous ne pouvons que nous offrir aux jeunes, leur être disponibles, car, en définitive, ce sont eux qui choisissent les adultes qui deviendront significatifs pour eux. Lorsqu'un enfant nous choisit pour partager sa souffrance, il importe de lui dire «Je te crois» ou «Je te comprends».

Alice Miller soulignait l'importance d'accueillir l'enfant qui s'ouvre à nous et de mettre des mots sur son expérience. Il est important de légitimer sa colère d'avoir été abandonné, battu ou encore agressé. Il est essentiel que l'adulte dise à l'enfant qu'il est trop beau, trop grand pour que quelqu'un puisse le frapper et que personne n'a le droit de le violenter.

Lorsqu'un enfant nous choisit, il importe d'agir courageusement, généreusement pour l'accompagner au bout de la route jusqu'au moment où, sécurisé, il peut nous laisser la main. L'amour devient un lien responsable par l'écoute, la parole, l'action. Scott Peck affirme que: «L'amour, c'est ce qu'on fait[6].»

Dans certaines situations, aimer un enfant peut signifier faire un geste pour le protéger en signalant sa situation à la Direction de la protection de la jeunesse. Je me souviens d'avoir informé des enseignants concernant la *Loi sur la protection de la jeunesse* et parlé de l'obligation qu'elle crée à tout professionnel de signaler la situation d'un enfant en danger. J'insistais alors sur la responsabilité individuelle qui découle de cette obligation. Certains enseignants m'ont expliqué qu'une directive interne les obligeait à faire part de telles situations à la direction de leur l'école qui, elle, signalait l'enfant à la Protection de la jeunesse, le cas échéant. Lorsqu'un jeune se confie à un enseignant, il choisit cet adulte, et non pas le directeur qu'il ne fait qu'entrevoir et qu'il associe souvent aux punitions. L'enseignant qui a reçu la confidence de l'enfant se sent responsable de l'aider, et avec raison! Et pourtant, certains enseignants se voient contraints de ne pas intervenir directement pour respecter la directive interne.

De telles conditions ne garantissent en rien que l'enfant sera aidé, et les enseignants en sont conscients. Je me souviens de leur soulagement lorsque j'ai expliqué de nouveau que le fait de signaler est une responsabilité individuelle, et qu'ils n'avaient pas à demander de permission à quiconque pour aviser la Protection de la jeunesse de la situation d'un enfant. C'est une obligation légale, et personne ne peut les empêcher de l'assumer! Beaucoup d'enseignants l'ignorent et n'osent pas enfreindre la directive de l'école. Les enseignants peuvent vraiment agir pour protéger un enfant et, dans certains cas, créer un front commun pour demander des ajustements à la directive de leur institution. Ils peuvent exiger de la direction de leur école qu'elle les soutienne véritablement dans l'exercice de leur rôle.

On me demande souvent s'il est encore utile de signaler la situation d'un enfant, de dénoncer l'abus dont il est victime. Différentes hypothèses existent à propos de l'intervention auprès des enfants. Dans certains pays, nous entendons qu'il est plus dommageable de dénoncer les agressions sexuelles, par exemple, plutôt que de les laisser vivre à l'enfant, compte tenu des conséquences qui en découlent pour lui. Selon cette hypothèse, le traumatisme social provoqué par la révélation est plus préjudiciable que l'agression elle-même, car l'étiquette de victime octroyée à l'enfant le marque pour toujours.

À mon avis, on ne peut soutenir de tels points de vue qu'avec une vision très étriquée des impacts vécus par les enfants et de l'importance de ceux-ci dans nos sociétés. De nombreuses études sur la protection des jeunes nous confirment que la plupart — sinon la totalité — des agresseurs d'aujourd'hui ont eux-mêmes été agressés dans leur enfance. Un enfant maltraité devient un enfant en colère. S'il n'est pas aidé, il risque de se détruire ou de détruire les autres, perpétuant ainsi le cycle de la violence… Si nous voulons des adultes forts, humains, heureux, il faut enrayer dès aujourd'hui la violence dont sont victimes les enfants. Un enfant violenté, c'est une perte pour l'humanité.

Vivre des histoires d'amour avec nos enfants

Mais un enfant qui a toujours été repoussé et éduqué à la discipline, qui n'a jamais reçu de tendresse apaisante, ne sait pas qu'il existe autre chose que la tendresse qui exploite.

ALICE MILLER[7]

La famille a longtemps constitué le lieu privilégié pour fournir à l'enfant cette relation continue avec un adulte, relation essentielle à son développement. Les profondes mutations sociales ont modifié la cellule familiale et, par le fait même, la continuité qu'elle peut offrir à un enfant. Les grandes familles d'autrefois, où grands-parents, parents, enfants, vivaient sous le même toit et enveloppaient les jeunes, sont de plus en plus rares. En perdant ces entités, la famille nucléaire a calqué, en plus petit, le réseau de soutien que ces familles offraient. Mais la famille nucléaire a elle aussi subi les impacts des changements, et les familles monoparentales sont maintenant devenues monnaie courante.

Dans la foulée de ces bouleversements, l'État tente de suppléer les lacunes de nos réseaux naturels de soutien. Il s'est introduit au cœur de la vie de beaucoup de familles nécessiteuses, appuyé en cela par la certitude que les experts possédaient des solutions pour tout. Mais le règne de l'État-providence est bel et bien révolu; d'ailleurs l'endettement de nos pays industrialisés ne cesse de nous le rappeler.

Cependant, les besoins d'appartenance et de continuité des enfants demeurent. Les jeunes cherchent à l'extérieur de la famille cette relation essentielle à l'adulte, que ce soit à l'école, dans les loisirs ou dans la rue. À 9 ans, Émilie fait de la prostitution depuis déjà deux ans. Lorsqu'elle s'est présentée devant moi, je lui ai demandé pourquoi elle se prostituait. «Pour la joie!» m'a-t-elle spontanément répondu. J'ai compris qu'à travers la prostitution, Émilie retrouve le sentiment d'être importante pour quelqu'un, de faire plaisir aux autres; elle sent ainsi qu'on s'occupe d'elle. Nous ne dénoncerons jamais assez l'exploitation que ces enfants subissent à travers la prostitution. Au-delà de son geste, il nous faut comprendre ce qu'Émilie exprime. À sa façon, elle répète ce que tous les enfants nous disent: «J'ai besoin d'être important pour quelqu'un, j'ai besoin d'être aimé.» Parce qu'Émilie n'a pu trouver réponse à son besoin d'être importante et aimée dans son milieu, elle l'a cherchée ailleurs.

Aimer nos enfants en tenant compte de leurs besoins d'appartenance et de racines, nous force à redéfinir nos réseaux de soutien. Au tribunal, je vois assez souvent des situations où tout a été tenté pour aider un enfant et sa famille. Parfois, après de multiples années d'efforts, nous sommes forcés de constater l'échec. Il nous faut alors dire à ce jeune qu'il doit poursuivre sa route plutôt que d'entretenir l'illusion de retrouver une famille. Aimer cet enfant, c'est ne pas le sacrifier au nom de cette famille. Ce sera alors lui donner la permission d'aller trouver ailleurs l'acceptation dont il a besoin. Les intervenants concernés doivent faire preuve de beaucoup de courage pour prendre une telle décision. Il faut aider l'enfant à faire le deuil de sa famille et à canaliser ses énergies pour établir des liens significatifs avec d'autres adultes qui lui tiendront lieu de famille.

À ce propos, je parle régulièrement d'une histoire d'amour vécue entre un adolescent et le directeur du centre d'accueil où il a résidé pendant de nombreuses années. Cet exemple illustre bien la nécessaire continuité de ce lien d'amour et de notre engagement envers un jeune. Sébastien avait vécu divers problèmes et manifestait de sérieux troubles de comportements, allant de la fugue à la consommation de drogues, en passant par divers délits. Sur son parcours, il avait croisé de nombreux intervenants, éducateurs, experts. Mais un jour, il a ouvert son cœur à quelqu'un, il est «tombé en amour» avec le directeur du centre où il était. Tous deux se sont fait confiance, ils ont créé un lien profond, et cette rencontre a été déterminante. Quand Sébastien fuguait, le directeur allait le chercher; tout le long, il l'a accompagné contre vents et marées. L'adolescent revenait constamment au centre parce que le directeur était sa personne-ressource. Sébastien, qui a beaucoup souffert, a pu faire confiance à un adulte pour la première fois. Aux dernières nouvelles, il poursuivait ses études. Ce jeune homme n'est pas à l'abri d'autres problèmes, comme nous tous d'ailleurs. Mais en vivant une relation continue, significative avec un adulte, Sébastien s'est guéri des blessures vécues, alors que d'autres jeunes esseulés n'y parviennent pas. Il a suffi d'une rencontre, une seule, d'un véritable engagement de la part d'un adulte qui croyait en lui, qui l'aimait. Sébastien a pu alors développer les habiletés nécessaires pour trouver de l'aide lorsqu'il en aura besoin au fil de sa vie d'adulte.

Lorsque je parle d'amour et d'éducation, je parle de cette possibilité de vivre des histoires d'amour avec les enfants que nous côtoyons, les enfants à qui nous enseignons, que nous soignons, que nous rééduquons. Pour satisfaire les besoins des jeunes, pour leur permettre d'établir des liens significatifs et continus avec des adultes, il nous faudra sans doute modifier certaines normes et pratiques qui mettent en péril ces belles histoires d'amour.

Autour de nous, dans nos milieux de travail, nous sommes témoins de gestes d'amour envers des enfants. L'an dernier, lors de la rentrée scolaire, une école acceptait d'adapter ses lieux pour y recevoir un enfant handicapé. Les parents avaient insisté… l'administration a décidé de réaménager certains lieux physiques, d'ajuster certaines procédures, de travailler en collaboration afin d'intégrer cet enfant. L'école a accepté de privilégier l'enfant et de modifier les normes et règlements en conséquence. Il a fallu pour ce faire la participation de tous, parents, enseignants, administrateurs, qui ont donné la priorité à la personne.

Autour de nous, de multiples adultes se sont engagés envers un ou des enfants; ils ont inventé de nouvelles pratiques pour les aider à grandir et pour respecter leurs engagements envers eux. Il y a quelque temps, j'ai rencontré au tribunal une jeune qui a commis plusieurs délits. Elle était heureuse et rayonnante. Avec l'aide de son intervenante et d'enseignants dévoués, on venait de lui trouver une classe particulière, et elle brûlait d'envie de commencer l'école. Cette jeune fille a pu entreprendre son année scolaire dans un nouveau type de classe, un endroit qui propose aux enfants à la fois un programme scolaire et l'intégration en milieu de travail; les éducateurs de ces groupes s'occupent d'un petit nombre de jeunes, ce qui leur permet de respecter le rythme d'apprentissage de chacun. Et ces enfants qui, souvent, paraissent peu aimables parce qu'ils ont été peu aimés, petit à petit se transforment et fleurissent. Les remises de diplômes témoignent de vraies histoires d'amour; les jeunes y remercient leurs enseignants de leur avoir donné une chance, de les avoir aimés assez pour les aider, d'avoir cru en eux…

Dans certains quartiers, des intervenants ont créé des groupes d'entraide pour de jeunes enfants qui vivaient dans des familles reconstituées. Ailleurs, la concertation a donné naissance à une maison de jeunes. En d'autres endroits, on a fondé un organisme qui accueille les enfants après l'école.

L'action est un langage d'amour: des intervenants se regroupent pour créer de nouvelles façons d'aimer les enfants et de les aider; des enseignants forment des classes spéciales pour répondre aux besoins particuliers de certains élèves; des bénévoles prennent en charge des services, des loisirs, des secteurs d'activité où personne ne voulait œuvrer. À travers leurs gestes, ils nous communiquent leur vision d'un monde d'entraide et de compassion. Ils dénoncent l'inefficacité de l'État dans certains domaines, ils mettent en lumière les lacunes dans différents programmes. Leur présence apporte réconfort et espoir. Un espoir concret qu'il est possible de mettre fin à la violence envers nos enfants…

Enrayer cette violence envers nos enfants, c'est d'abord et avant tout être fidèles à nous-mêmes. C'est faire œuvre d'éducation envers nos enfants en s'engageant à les aider à grandir dans le respect de ce qu'ils sont. C'est vivre des histoires d'amour avec eux…

Et vivre une histoire d'amour avec un enfant, voilà ce qui donne un sens au travail que nous accomplissons! Un travail dans lequel la croissance de la personne devient une priorité absolue. Nous nourrissons nos jeunes de notre amour, et ils nous alimentent du leur. Ces rencontres nous permettent d'espérer avec eux; elles illuminent nos interventions.

À mon avis, si nous, comme parents, intervenants, enseignants, juges, prenons conscience que nous pouvons vivre quotidiennement une histoire d'amour avec nos enfants, alors nous éviterons le syndrome de l'épuisement.

Aujourd'hui dans mon travail, je montrerai à un enfant que je l'aime; je lui témoignerai que la vie est belle, et il me répondra jour après jour qu'il commence à y croire. Et je sentirai qu'il grandit…

Combien de nos enfants vivent une histoire d'amour avec un adulte significatif?

Conclusion

Un nouveau consensus social

Déclarer des droits, ça ne coûte pas cher. Déclarer des droits, c'est constater des besoins. Mais où trouver le principe coercitif qui en fera une obligation, où le trouver? Je suis arrivé à cette pensée: on n'obtiendra jamais le respect des droits que l'on déclare tant qu'on ne verra pas, tant qu'on n'enseignera pas que l'être humain qui naît n'a d'autre raison d'exister que son accomplissement personnel.

ABBÉ PIERRE[1]

À travers des rencontres avec des adultes significatifs, les enfants arrivent petit à petit à se définir et à découvrir ce qui les habite. Pour ce faire, ils ont besoin d'un regard d'amour qui les autorise à se développer et à aller au bout d'eux-mêmes. Grâce à la relation que nous établissons avec nos enfants, à l'éducation que nous leur transmettons, ils peuvent s'épanouir. S'ils sont éduqués en se respectant, ils apprennent à vivre heureux et en harmonie avec leurs voies intérieures.

Au contraire, s'ils subissent un rapport de domination, ils apprennent à se taire, à se nier, à se détruire. Ils souffrent et deviennent peu à peu des êtres en colère. Cette colère devient violence envers eux-mêmes ou envers autrui. Elle est le fruit d'une éducation qui a forcé l'enfant à obéir à tout prix plutôt qu'à être. Des enfants brisés qui réagissent à leur souffrance par la violence. À leur tour, ils deviendront des adultes en colère qui violenteront leurs enfants, leur conjoint, leurs employés... Des adultes qui inspireront la colère et perpétueront la domination comme mode de communication avec les autres, et ce, dans toutes les sphères de leur vie. Le cercle vicieux de la violence...

Il est urgent de mettre fin à la violence que vivent nos enfants. C'est une absolue nécessité! Cette violence est lourde de conséquences; elle est une perte pour l'humanité. Comme le monde d'aujourd'hui est à l'image des enfants qu'hier nous étions, celui de demain sera à l'image des enfants d'aujourd'hui.

Pour mettre fin à la violence envers les enfants, nous devons en faire une responsabilité individuelle envers chacun de nos jeunes et une responsabilité collective envers les générations futures. Et c'est possible. Nous pouvons changer cette réalité. Nous devons arrêter cette violence et miser sur l'immense potentiel d'amour et de solidarité dont nous sommes capables. Dans chaque être humain, se cache un profond désir d'harmonie, un absolu à exprimer. Un seul regard peut modifier cette réalité. Un simple regard d'amour...

L'éducation, c'est tout ce qui aide un enfant à être, à grandir. Au-delà des diplômes et des réussites, éduquer un enfant, c'est l'autoriser à trouver ce qui l'anime; c'est l'accompagner en respectant ce qu'il est et en croyant inconditionnellement en ce qu'il peut devenir. Notre conception de l'éducation doit se vivre autrement que dans un rapport de force avec nos enfants. Alors, notre rôle d'adulte s'en trouvera enrichi.

L'enfant, tout comme nous, porte un absolu, et sa recherche est aussi valable et digne d'amour que la nôtre. La communication parent-enfant doit se vivre dans une recherche d'équilibre qui prend en considération les besoins des jeunes tout en refusant d'imposer sans connaître, écouter, comprendre.

Cette nouvelle relation avec nos enfants nécessite que nous, adultes, soyons en contact avec nous-mêmes, c'est-à-dire que nous renouions avec l'enfant en chacun de nous, et ressentions la souffrance de l'enfant qui a été éduqué à se taire, à se conformer, à étouffer ses émotions. Reprendre contact avec cet enfant, c'est aussi retrouver notre capacité de sentir, de vibrer, de rêver; c'est retrouver notre âme d'enfant. Ces émotions nous donnent le courage de vivre en harmonie avec nos valeurs et de choisir quotidiennement d'agir en cohérence avec nos convictions.

À travers cette rencontre avec nous-mêmes, nous acquérons la certitude que nous sommes toujours en mouvement, en apprentissage, en devenir. Cette évolution devient la route à suivre vers l'harmonie où chaque découverte nous mène toujours plus loin! Comme la rédaction d'un livre qui, loin d'être unc fin en soi, devient une ouverture. Elle est à la fois l'enthousiasme d'assembler nombre d'idées, d'expériences, de vécus, et la riche promesse de nouvelles recherches, de découvertes et de partage.

C'est ainsi que je conçois notre vie, apprendre à apprendre… Et l'harmonie devient un constant dépassement. On ne parvient pas à l'harmonie; on devient un être harmonieux dans son processus de recherche de lui-même.

Être porteur d'absolu nous amène à unifier nos convictions et nos actions. À travers ce processus, nous réalisons combien nous sommes fondamentalement liés les uns aux autres. Si j'accepte de commettre des erreurs et que j'en fasse des occasions d'apprendre, je dois permettre à l'autre d'en faire autant. Accepter de vivre en accord avec mes émotions me permet d'autoriser l'autre à vivre les siennes. Prendre conscience de l'absolu dont je suis porteur m'amène à réaliser que l'autre porte également cet absolu. Or je découvre ces aspects de moi-même parce que d'autres avant moi ont cheminé dans cette direction et en ont pris conscience. Ils m'ont aidée à réaliser tout cela! En d'autres mots, nous ne sommes pas seuls, mais profondément interdépendants. Notre harmonie dépend de celle des autres. Elle se vit en interaction avec autrui, car nous grandissons pour, par et avec les autres…

Vivre en harmonie avec soi-même pour mettre fin à la violence, c'est choisir de grandir avec d'autres, de cheminer ensemble. Il nous faut pour cela créer et développer des conditions où la différence est perçue comme valable et souhaitable, où les divergences peuvent se manifester. Pour que l'harmonie soit possible, nous devons reconnaître aux personnes le droit à l'erreur, favoriser l'intériorisation plutôt que le repli sur soi et développer la confiance en soi plutôt que la méfiance. Nous sommes moins à la remorque de l'autorité lorsque nous savons puiser en chacun de nous certaines des ressources nécessaires pour remplir notre rôle.

Et doucement, tout doucement, nous reprenons du pouvoir sur nos vies. Cette force tranquille nous permet de redécouvrir les autres avec un regard différent; elle nous porte à redéfinir nos aspirations et nos rêves, à tendre la main, dans la dignité et le respect. Cette conscience de notre propre pouvoir nous permet d'offrir nos forces vives pour soulager, d'accueillir la souffrance de l'autre parce qu'elle est aussi la nôtre. Nous apprenons, nous nous enrichissons à travers la découverte et l'écoute de chaque personne que nous côtoyons. Peu importe que ces personnes soient des enfants, des aînés, des directeurs d'entreprise, des personnes d'une race différente ou en chômage! Chacune d'entre elles porte un absolu auquel nous pouvons communier à travers de vraies rencontres; le partage de nos expériences respectives ne peut être qu'enrichissant. C'est cette cohérence avec nous-mêmes qui nous conduit à agir de façon responsable sur le plan social, à nous engager, à vouloir aider l'autre à grandir. En devenant nous-mêmes ce que nous sommes, nous permettons aux autres d'être ce qu'ils sont.

La construction d'un monde nouveau devient réalité, un monde fait de collaboration et de respect. Dans ce milieu pluraliste qu'est le nôtre, où l'éclatement des valeurs a miné la cohésion sociale, il est plus qu'urgent de refaire une unité basée sur le respect de nos différences.

Au-delà de ces disparités, la cohésion de notre tissu social demande que nous redéfinissions des valeurs communes qui nous ressemblent, en mettant de côté préjugés et intolérance. Des valeurs communes vécues individuellement et transposées collectivement dans nos institutions, nos lois et nos actions politiques. Les institutions sociales et politiques ne disparaîtront pas; elles sont nécessaires. Il nous faut donc exiger qu'elles jouent leur vrai rôle, qu'elles soient notre voix et partent de l'humain! Que les écoles éduquent nos enfants en partant d'eux et non des programmes; que les centres d'accueil aident des enfants à guérir et non à se détruire; que les fonctionnaires nous traitent comme des humains et non comme des numéros; que les médecins soignent des personnes et non des maladies; que les politiciens défendent nos choix et nos valeurs plutôt que leurs intérêts et ceux du parti.

Et dans cette définition d'un nouveau consensus éthique où les structures redeviendront au service de l'humain, les enfants peuvent nous montrer la voie. Constamment, ils nous sollicitent, nous remettent en question sur les raisons de nos actes, sur nos façons de faire et de penser; ils nous amènent à agir de manière responsable pour soutenir leur développement. Ils sont notre force de vie collective.

Au-delà de toutes nos différences culturelles, sociales, ethniques, il est urgent d'accorder une priorité absolue à nos enfants. Je crois qu'ils peuvent susciter la collaboration à un nouveau projet social, et ce au-delà des différences culturelles et nationales.

Un nouveau consensus social où nos enfants deviennent priorité absolue au niveau de la famille, de l'école, du quartier; priorité absolue au niveau social, politique, mondial. Un nouveau consensus éthique où se manifesterait une volonté collective d'assurer une place de choix à nos enfants, non seulement par la reconnaissance de leurs droits dans les lois, mais aussi par une volonté politique pour que ces lois soient appliquées efficacement. Un nouveau consensus éthique où nos enfants deviendraient dans les faits notre priorité à tous les niveaux de la société.

Nos enfants doivent avoir la priorité absolue dans nos choix individuels; leur éducation doit avoir la priorité absolue dans nos choix collectifs. Nous devons placer nos enfants au-dessus de tout. La tâche paraît énorme, et pour arriver à l'accomplir, il faudra compter avec le monde d'amour et de non-violence qui existe déjà en chacun de nous.

Il suffit d'un regard... que nous portons sur nous-mêmes, sur nos enfants, sur l'autre...

Il suffit d'un regard... qui, au-delà des différences, perçoit les similitudes entre les humains que nous sommes... un regard qui voit l'absolu dont nous sommes tous porteurs et l'immense richesse qu'il contient...

Il suffit d'un regard... qui, au quotidien, autorise l'enfant à devenir qui il est, en l'aidant à grandir dans nos familles, nos écoles, nos quartiers, nos milieux de travail, nos pays...

Il suffit d'un regard... d'égalité qui croit en l'autre, qui respecte et qui aime, qui permet d'être libre et généreux...

Il suffit d'un regard... qui agit...

Il suffit d'un regard pour briser l'indifférence.

Notes et références

INTRODUCTION

1. ABBÉ PIERRE et Bernard KOUCHNER. *Dieu et les hommes*, Paris, Laffont, 1993, p. 231.

CHAPITRE PREMIER

1. MILLER, Alice. *C'est pour ton bien. Racines de la violence dans l'éducation de l'enfant*, Paris, Aubier, 1993, p. 11.
2. PECK, Scott. *Les gens du mensonge*, Paris, Flammarion, 1993, p. 214.
3. *Ibid.*, p. 74.
4. MILLER, Alice. *Op. cit.*, p. 43.
5. *Ibid.*, p. 128.
6. *Ibid.*
7. MILLER, Alice. *La connaissance interdite*, Paris, Aubier, 1990, p. 233.
8. MILLER, Alice. *C'est pour ton bien. Racines de la violence dans l'éducation de l'enfant*, p. 139.
9. MILLER, Alice. *La connaissance interdite*, p. 8.

CHAPITRE II

1. DOLTO, Françoise. *La cause des adolescents*, Paris, Laffont, 1988, p. 97.
2. Plusieurs spécialistes ont dénoncé cette situation: Philippe Perrenoud, le docteur Jean Wilkins et le psychologue Claude F. Caouette, pour n'en nommer que quelques-uns.
3. JACQUARD, Albert. *Abécédaire de l'ambiguïté*, coll. Points Virgule, Paris, Seuil, 1989, p. 146.

4. *Ibid.*, p. 101-102.
5. GRAND'MAISON, Jacques. «Le drame spirituel des adolescents, profils sociaux et religieux», *Cahier d'études pastorales*, Fides, 1992, p. 13.
6. MILLER Alice. *C'est pour ton bien. Racines de la violence dans l'éducation de l'enfant*, Paris, Aubier, 1993, p. 121.

CHAPITRE III

1. PECK, Scott. *Les gens du mensonge*, Paris, Flammarion, 1983, p. 293.
2. WALLOT, Claire. *Les jeunes sans-abri*, consortium de formation sur la défense des droits humains de l'Université McGill, 1992.

CHAPITRE IV

1. MILLER, Alice. *C'est pour ton bien. Racines de la violence dans l'éducation de l'enfant*, Paris, Aubier, 1993, p. 106.
2. LABORIT, Henri. *La nouvelle grille*, Paris, Laffont, 1974, p. 110.

CHAPITRE V

1. DOLTO, Françoise. *Autoportrait d'une psychanalyste*, Paris, Seuil, 1989, p. 46-48.
2. JACQUARD, Albert. *Abécédaire de l'ambiguïté*, coll. Point Virgule, 1989, Paris, Seuil, p. 148.

CHAPITRE VI

1. LIFTON, Betty Jean. *Janusz Korczak, Le roi des enfants*, Livre de poche, Paris, Laffont, 1989, p. 360.
2. Parmi les principaux scientifiques qui véhiculent cette nouvelle vision de la science, on compte, entre autres, les Edgar Morin, Fritjof Capra, Henri Atlan, Hubert Reeves.

CHAPITRE VII

1. MILLER, Alice. *La connaissance interdite*, Paris, Aubier, 1990, p. 11.
2. ABBÉ PIERRE et Bernard KOUCHNER. *Dieu et les hommes*, Paris, Laffont, 1993, p. 117.
3. Voir: DOLTO, Françoise. *La cause des adolescents*, Paris, Laffont, 1988.

4. FROMM, Erich. *L'art d'aimer*, Montréal, Sélect, 1981, p. 80.
5. PECK, Scott. *Le chemin le moins fréquenté*, Paris, Laffont, 1987, p. 135.
6. ALBERONI, Francesco. *L'amitié*, Paris, Ramsay, 1984, p. 47.

CHAPITRE VIII

1. ABBÉ PIERRE et Bernard KOUCHNER. *Dieu et les hommes*, Paris, Laffont, 1993, p. 231.
2. DOLTO, Françoise. *L'enfant du miroir*, coll. Psychanalyse, Paris, Rivages, 1987, p. 41-42.
3. «Agressifs à la maternelle, délinquants plus tard», *Le Devoir*, 30 juillet 1992. Cet article réfère à une étude de R. E. Tremblay et R. M. Zhon, du groupe de recherche sur l'inadaptation psychosociale chez l'enfant, Université de Montréal, menée entre 1984 et 1990 sur le comportement de 1161 garçons de niveau préscolaire à la Commission des écoles catholiques de Montréal.
4. JACQUARD, Albert. *Idées vécues*, Paris, Flammarion, 1989, p. 25.
5. LIFTON, Betty Jean. *Janusz Korczak, Le roi des enfants*, Livre de poche, Paris, Laffont, 1989, p. 13.
6. Voir: PECK, Scott. *Le chemin le moins fréquenté*, Paris, Laffont, 1987.
7. MILLER, Alice. *La connaissance interdite*, Paris, Aubier, 1990, p. 103.

CONCLUSION

1. ABBÉ PIERRE et Bernard KOUCHNER. *Dieu et les hommes*, Paris, Laffont, 1993, p. 226.

ŒUVRES D'ALICE MILLER

Le drame de l'enfant doué, traduction Bertrand Denzler, Paris, PUF, 1983.

C'est pour ton bien - Racines de la violence dans l'éducation de l'enfant, traduction Jeanne Étoré, Paris, Aubier, 1984.

L'enfant sous terreur - L'ignorance de l'adulte et son prix, traduction Jeanne Étoré, Paris, Aubier, 1986.

Images d'une enfance, traduction Jeanne Étoré, Paris, Aubier, 1987.

La connaissance interdite - Affronter les blessures de l'enfance dans la thérapie, traduction Jeanne Étoré, Paris, Aubier, 1990.

La souffrance muette de l'enfant - L'expression du refoulement dans l'art et la politique, traduction Jeanne Étoré, Paris, Aubier, 1990.

Abattre le mur du silence - Poue rejoindre l'enfant qui attend, Paris, Aubier, 1991.

Table des matières